HERDER / SPEKTRUM *MEISTERDENKER*

HERDER / SPEKTRUM

Band 4743

Das Buch

Sokrates nimmt eine einzigartige Stellung in der Geschichte der Philosophie ein. Ohne seinen Einfluß auf Platon wäre die ganze Entwicklung der westlichen Philosophie eine vollkommen andere gewesen. Dabei hat Sokrates selbst nichts geschrieben. Unser Wissen von ihm beruht hauptsächlich auf der faszinierenden und leidenschaftlichen Person, die in Platons Dialogen erscheint. Im vorliegenden Buch geht Christopher Taylor der Beziehung zwischen dem historischen Sokrates und der platonischen Figur auf den Grund. Er zeigt, wieso Sokrates bis heute als Idealtypus des philosophischen Lebens gilt. Ein Denker wird lebendig, dessen moralische und intellektuelle Integrität sein Leben bis in alle Einzelheiten bestimmte, selbst noch angesichts des Verrats und des Todesurteils durch seine athenischen Mitbürger.

Der Autor

Christopher C. W. Taylor ist Professor am renommierten Corpus Christi College in Oxford. Außerdem lehrt er Philosophie an der Oxford University. Zu seinen Veröffentlichungen zählen *Plato*: Protagoras (1991) und als Koautor *The Greeks on Pleasure* (1982). Außerdem ist er Herausgeber der *Routledge History of Philosophy*, Band 1: *From the Beginning to Plato* (1997).

C. C. W. Taylor

Sokrates

Aus dem Englischen
von Katja Vogt

Herder
Freiburg · Basel · Wien

Wissenschaftliche Beratung:
Prof. Dr. Dr. Friedo Ricken

This translation of *Socrates* originally published in English in 1998
is published by arrangement with Oxford University Press.
Dieser Band, auf englisch zuerst 1998 publiziert,
erscheint mit freundlicher Genehmigung von Oxford University Press.

© C. C. W. Taylor 1998

Gedruckt auf umweltfreundlichem,
chlorfrei gebleichtem Papier

Deutsche Erstausgabe
Alle Rechte vorbehalten – Printed in Germany
© der deutschen Ausgabe
Verlag Herder Freiburg im Breisgau 1999
Lektorat: Lukas Trabert
Satz: DTP-Studio Helmut Quilitz, Denzlingen
Druck und Bindung: Freiburger Graphische Betriebe 1999
Umschlaggestaltung: Joseph Pölzelbauer
Umschlagmotiv: Antike Büste.
Neapel, Museo Nazionale. Bildarchiv Herder
ISBN 3-451-04743-8

Danksagungen

Wer über Sokrates schreibt, muß anerkennen, wieviel er bzw. sie der umfangreichen Fachliteratur über diesen Philosophen verdankt, die weitgehend in der zweiten Hälfte dieses Jahrhunderts verfaßt worden ist und zu einem großen Anteil von höchster Qualität ist. Wir alle stehen in dieser Tradition. Am Ende dieses Buchs führe ich in einem Abschnitt mit weiterführenden Literaturempfehlungen einige der wichtigsten modernen Werke über Sokrates an.

Über diese allgemeine Verpflichtung gegenüber der bestehenden Forschung hinaus haben einige Teile dieses Buches wesentlich von bestimmten Schriften anderer profitiert. Für den ersten Abschnitt von Kapitel 2, „Andere Autoren neben Platon", habe ich besonders von D. Clay, *The Origins of the Socratic Dialogue* (in: *The Socratic Movement*, hrsg. von P. A. Vander Waerdt, Ithaca, New York, und London, 1994), und von C. H. Kahn, *Plato and the Socratic Dialogue* (Cambridge 1996, Kap.1), profitiert. Für Kapitel 5, „Sokrates und die spätere Philosophie", bin ich einer Reihe von Autoren verbunden. Bezogen auf den Abschnitt zur antiken Philosophie ist hier allen voran A. A. Longs Aufsatz *Socrates in Hellenistic Philosophy* (Classical Quarterly 38, 1988, 150–71) zu nennen, aber auch die Beiträge von G. Striker, J. G. DeFillipo und P. T. Mitsis, J. Annas und V. T. McKirahan zu Vander Waerdts Buch *The Socratic Movement* (für die Detailangaben zu diesen Artikeln verweise ich auf den Sammelband). Der Abschnitt „Mittelalterliche und moderne Philosophie" basiert teilweise auf P. J. Fitzpatrick, *The Legacy of Socrates* (in: *Socratic Questions*, hrsg. von B. S. Gower und M. C. Stokes, London und New York, 1992).

Ich danke dem Herausgeber der Reihe *Past Masters* für die Einladung, einen Band zu verfassen. Ihm und einem anonymen Gutachter danke ich für ihre hilfreichen Anregungen zur Verbesserung des Textes.

Inhalt

Abkürzungen

DL   Diogenes Laertius

Pl.   Platon
Apol.   *Apologie*
Charm.   *Charmides*
Euthyd.   *Euthydemos*
Euthyph. *Euthyphron*
Gorg.   *Gorgias*
Hipp. Ma. *Hippias Major*
Lach.   *Laches*
Ph.   *Phaidon*
Pol.   *Politeia*
Prot.   *Protagoras*
Symp.   *Symposion*
Th.   *Theaitetos*

Xen.   Xenophon
Apol.   *Apologie*
Mem.   *Memorabilia*
Oec.   *Oeconomicus*
Symp.   *Symposion*

Zitate aus der antiken Literatur wurden von der Übersetzerin aus dem Griechischen übersetzt.

1. Einleitung

Sokrates' Stellung in der Geschichte der Philosophie ist einmalig. Einerseits ist er einer der einflußreichsten, andererseits einer der am wenigsten faßbaren und uns am wenigsten bekannten Philosophen. Sokrates' Wirkungsgeschichte ist ganz wesentlich davon geprägt, daß er so schwer greifbar ist. Am Anfang steht der Einfluß, den Sokrates als Person auf seine Zeitgenossen, und insbesondere auf Platon, hatte. Es ist keine Übertreibung, daß Platon ohne die Wirkung, die Sokrates' Leben und vor allem sein Tod auf ihn hatten, wahrscheinlich Politiker geworden wäre und nicht Philosoph. Die gesamte Entwicklung der westlichen Philosophie wäre dann vollkommen anders verlaufen. Hinzu kommt der fortdauernde Einfluß der Figur des Sokrates als ein Musterbeispiel des philosophischen Lebens, einer umfassenden moralischen und intellektuellen Integrität, die jedes Detail des täglichen Lebens durchzieht und sich vor allem in der heldenhaften Unerschütterlichkeit angesichts von Ablehnung und einem mit Schande behafteten Tod zeigt. Die Figur des Sokrates als erstem Märtyrer und Schutzheiligem der Philosophie, die zu jeder Zeit so modifiziert wurde, daß sie dem philosophischen Geist der Epoche entsprach, ist nicht von Sokrates selbst geschaffen, sondern von denen, die über ihn schrieben – allen voran Platon. Es ist Platons Bild des idealen Philosophen, das die Menschen seit damals fasziniert und inspiriert. Wenn wir versuchen, dieses Bild auf der Suche nach dem historischen Sokrates kritisch zu beleuchten, stellen wir fest, daß dieser ebenso unfaßbar ist wie der historische Jesus, nach dem die Gelehrten des neunzehnten Jahrhunderts im Neuen Testament forschten.

Für diese Schwierigkeit gibt es zwei Gründe (dies bestärkt die biblische Parallele): Erstens hat Sokrates selbst nichts geschrieben, und infolgedessen wurde er zweitens nach seinem Tod schnell zum Gegenstand eines literarischen Genres, der ‚Sokratischen Gespräche' *(Sōkratikoi logoi)*. Autoren aus Sokrates' Umfeld haben in derartigen Schriften fiktive Unterhaltungen des Sokrates dargestellt, wobei die Betonung je nach den besonderen Interessen des Autors auf unterschiedlichen Aspekten seiner Persönlichkeit und Art der Gesprächsführung liegt. Platons Dialoge und die Sokratischen Schriften des Xenophon sind die einzigen Beispiele dieses Genres, die vollständig überliefert sind; Fragmente anderer Sokratischer Schriften, insbesondere von Aischines, sind als Zitate bei anderen Autoren überliefert. Diese Literatur wird unten genauer diskutiert. Zunächst muß betont werden, daß jeder, der wie Platon, Xenophon und die anderen Autoren sein eigenes Bild von Sokrates bietet und damit bestimmte eigene Ziele verfolgt, eben doch ein Bild *von Sokrates* präsentiert. Dies soll deutlich machen, daß die Annahme, einer dieser Autoren würde eine rein fiktive Gestalt des idealen Philosophen oder des beispielhaften Bürgers entwerfen, der er dann den Namen ‚Sokrates' gibt, eine ganz erhebliche Verzerrung darstellt. Sokrates wird von Platon tatsächlich als der ideale Philosoph gezeigt, und nach meiner Auffassung beinhaltet diese Darstellung an zahlreichen Stellen die Zuschreibung philosophischer Lehren, von denen Platon wußte, daß Sokrates sie nie vertreten hatte – aus dem einfachen Grund, daß er selbst sie nach dessen Tod entwickelt hatte. Doch weil Platon die Person des Sokrates sowie das Leben, das er seiner Meinung nach geführt hat, auf eine bestimmte Art sah, konnte er ihn zum Vorbild des idealen Philosophen machen. Insofern die Begriffe der Fiktion und der Biographie sich gegenseitig ausschließen, sind die ‚Sokratischen Gespräche' keinem von beiden zuzuordnen. Sie sind Ausdruck der Sicht, die ihre Autoren von der Persönlichkeit eines einzigartigen Individuums und den Ereignissen in dessen Leben hatten. Um sie verstehen zu können, müssen wir versuchen, Klarheit darüber zu schaffen, was über diese Persönlichkeit und diese Ereignisse bekannt ist oder zumindest mit guten Gründen angenommen wird.

2. Zur Biographie

Während Sokrates' Tod durch die Aufzeichnungen über sein Gerichtsverfahren zu Beginn des Frühjahrs 399 v. Chr. (das offizielle Athenische Jahr 400/399) eindeutig feststeht, gibt es eine (wenig bedeutsame) Debatte über sein genaues Geburtsdatum. Der Chronist Apollodoros aus dem zweiten Jahrhundert v. Chr., der wiederum von dem Biographen Diogenes Laertius aus dem dritten Jahrhundert n. Chr. zitiert wird (2.44), datiert Sokrates' Geburt mit einer ungewöhnlichen Präzision – er nennt sogar den Tag der Geburt – auf den frühen Mai 468 (gegen Ende des offiziellen Athenischen Jahres 469/8). In Platons Schriften jedoch beschreibt Sokrates sich selbst an zwei Stellen (*Apol.* 17d, *Crito* 52e) als zur Zeit seines Gerichtsverfahrens siebzigjährig. So muß entweder angenommen werden, daß Sokrates sich selbst, während er eigentlich noch neunundsechzig Jahre alt ist, in einer großzügigen Sprechweise als siebzigjährig bezeichnet oder daß das Datum des Apollodoros (das wahrscheinlich so entstanden ist, daß von 400/399 an in einer dieses Jahr einschließenden Weise zurückgezählt worden ist) ein oder zwei Jahre zu spät angesetzt ist, was die meisten Experten annehmen.

Die offizielle Anklageschrift, die von Diogenes Laertius zitiert wird, nennt den Namen seines Vaters, Sophroniskos, und seinen Bezirk, Alopeke im Süden außerhalb der Stadt Athen. In Platons *Theaitetos* (149a) gibt Sokrates als Namen seiner Mutter Phainarete an und sagt, sie sei eine stämmige Hebamme gewesen. Dies kann durchaus der Wahrheit entsprechen, obgleich die Weise, in der ihr Name (die wörtliche Bedeutung lautet „Tugend enthüllend") und ihr Beruf allzugut zu der sich selbst auferlegten Aufgabe des Sokrates passen, als Hebamme der Ideen anderer zu wirken (*Th.* 149–51), die Möglichkeit literarischer Fiktion nahelegt. Sokrates' Vater soll Steinmetz gewesen sein, und einer Überlieferung zufolge soll Sokrates selbst dieses Handwerk eine Zeitlang ausgeübt haben. Die Tatsache, daß er in der schweren Infanterie gedient hat, in der man seine Waffen und Rüstung selbst stellen mußte, weist darauf hin, daß er in vergleichsweise wohlhabenden Verhältnissen gelebt hat. Seine asketische Lebensweise scheint eher Ausdruck einer philosophischen Position als die Folge echter Armut gewesen zu sein. Sokrates war mit Xanthippe verheiratet, deren Übellaunigkeit von Xenophon und anderen – wenngleich nicht von Platon – hervorgehoben wird. Sie hatten drei Söhne, von denen die beiden jüngeren zur Zeit von Sokrates' Gerichtsverfahren kleine Kinder waren. Offenkundig war Xanthippes schwierige Gemütsverfassung, falls sie den Tatsachen entspricht, kein Hindernis für die Fortführung der ehelichen Beziehungen bis in Sokrates' hohes Alter. Eine wenig verläßliche spätere Überlieferung, die unplausiblerweise Aristoteles zugeschrieben wird, erwähnt eine zweite Ehefrau namens Myrto. Die Ehe mit ihr wird manchmal vor und manchmal nach der Ehe mit Xanthippe angesetzt, und mitunter ist von einem gleichzeitigen Verhältnis im Sinne der Bigamie die Rede.

Über die erste Hälfte von Sokrates' Leben ist so gut wie nichts bekannt. Er soll ein Schüler von Archelaos gewesen sein, einem Athener, der selbst Schüler von Anaxagoras war. Archelaos' Interessen umfaßten Naturphilosophie und Ethik (nach der Überlieferung von Diogenes Laertius sagte er, „daß es zwei Ursachen des Entstehens gebe, heiß und kalt, und daß Lebewesen aus Schlamm entstehen, und daß das Gerechte und das Schändliche nicht von Natur aus, sondern aufgrund von Konvention bestehen" [2.16]). Der Bericht über Sokrates' frühes Interesse für Naturphilosophie, der Sokrates in Platons *Phaidon* (96 a ff.) in den Mund gelegt wird, könnte auf diese Phase seiner Entwicklung gemünzt sein. Wenn dies der Fall ist, so hat Sokrates sein Interesse sehr bald auf andere

Gebiete verlagert, und jeglicher Einfluß von seiten des Archelaos in Fragen der Ethik kann nur negativ gewesen sein.

Erst mit dem Ausbruch des Peloponnesischen Kriegs 432, als Sokrates bereits über 35 Jahre alt ist, erscheint er auf der historischen Bühne. Platon bezieht sich mehrfach (*Apol.* 28e, *Charm.* 153a und *Symp.* 219e ff.) auf seinen Militärdienst bei der Belagerung von Poteidaia an der Nordküste der Ägäis in den Anfangsjahren des Kriegs. Im *Symposion* läßt er Alkibiades ausführlich über Sokrates' Mut in der Schlacht und seine bemerkenswerte Ausdauer in grimmigem Winterwetter berichten, bei dem er seine ganz gewöhnliche (d.h. dünne) Kleidung trug und barfuß ging. Dieses letzte Detail ist interessant, insofern es eine Verbindung von Platons Porträt des Sokrates zu dem einzigen eindeutig unabhängigen Zeugnis seiner Persönlichkeit und Tätigkeit herstellt, der Darstellung in der Komödie des fünften Jahrhunderts. Einige Zeilen des Komödiendichters Ameipsias, die von Diogenes Laertius zitiert werden (und nach Meinung der meisten Experten aus dem verlorenen Stück *Konnos* stammen, das im Wettbewerb von 423 über den *Wolken* von Aristophanes plaziert wurde), beziehen sich auf seine körperliche Ausdauer, seine demonstrativ einfache Kleidung und sein Barfußgehen „den Schuhmachern zum Trotz"; in den *Wolken* wird der Verzicht auf Schuhe zweimal als sokratisches Markenzeichen erwähnt (103, 363). Ein anderer Komödiendichter, Eupolis, zeichnet ihn als einen heruntergekommenen Schwätzer, der nicht weiß, woher er seine nächste Mahlzeit bekommen wird, und als Dieb, ein weiteres Detail, das in der Karikatur des Aristophanes aufgenommen wird (*Wolken* 177–9).

Um 420 war Sokrates also ausreichend bekannt, um wegen seines exzentrisch-einfachen Lebensstils und seiner Gesprächigkeit zum Gegenstand des Gespötts zu werden. Während seine persönlichen Eigenschaften willkommenen Stoff für die Komödie boten, tritt Sokrates in dem einzigen überlieferten Porträt in einem Drama, in den *Wolken* des Aristophanes, als Vertreter einer Reihe von bedeutsamen, und in den Augen des Dramatikers keineswegs willkommenen Tendenzen des zeitgenössischen Lebens auf. Den entscheidenden Punkt faßt W. K. C. Guthrie treffend zusammen:

„Im Sokrates der *Wolken* können wir mindestens drei unterschiedliche Typen erkennen, die nie in perfekter Weise in einer einzigen Person vereinigt waren: Erstens den Sophisten, der die Kunst unterrichtet, aus einer schlechten Sache eine gute zu machen; zweitens den atheistischen Naturphilosophen wie Anaxagoras; und drittens den asketischen moralischen Lehrer, zerlumpt und hungernd durch seine Gleichgültigkeit weltlichen Belangen gegenüber."[1]

Im Stück führt Sokrates die Aufsicht über eine Institution, in der Studenten zahlen, um Schikanierungstechniken zu lernen, durch die sie der Rückzahlung ihrer Schulden entkommen sollen. Diese Fähigkeit wird mit dem Spruch „das schwächere Argument das stärkere besiegen lassen" bezeichnet, der dem Sophisten Protagoras zugeschrieben wird. Der Kampf zwischen den beiden Argumenten, in dem die konventionelle Moral des stärkeren Arguments (das auch als das „Gerechte Argument" bezeichnet wird) der Sophistik des schwächeren (des „Ungerechten Arguments") unterliegt, bildet eine zentrale Szene des Stücks. Der Sokrates der *Wolken* ist jedoch nicht nur Lehrer der Sophistik, sondern auch ein Naturphilosoph mit einem besonderen Interesse am Studium des Himmels, einem Studium, das die traditionelle Religion mit ihrer Betrachtung der Himmelskörper als Gottheiten in Frage stellt und neue Gottheiten einzuführen versucht: Luft, Äther, Wolken, Chaos, Zunge und der ‚himmlische Wirbel' treten an die Stelle von Zeus als höchster Macht des Universums. Natürlich bietet diese neue ‚Religion' die metaphysische Fundierung des sophistischen Immoralismus, da die neuen Gottheiten, anders als die traditionellen Götter (die, wie Sokrates sagt, „bei uns keine gebräuchliche

---

[1] A History of Greek Philosophy, iii (Cambridge, 1969), 372.

16

Währung" sind [247–8]), kein Interesse daran haben, Übeltäter zu bestrafen. Am Schluß des Stücks wird Sokrates' Haus zur Strafe für die gottlosen Vorgänge in ihm niedergebrannt; „die Position des Monds zu untersuchen (auf sein Hinterteil zu starren)" und „den Göttern üble Gewalt entgegenzubringen" (1506–9) sind zwei Seiten derselben Medaille.

Um 423 war Sokrates also ausreichend bekannt, um als Vertreter einer neuen Gelehrsamkeit karikiert zu werden, so wie diese konservativen Athenern erschien – als subversives Gemisch aus wissenschaftlicher Spekulation und argumentativem Training, das für die konventionelle Moral und Religion Anlaß zur Beunruhigung bot. Eine derartige Burleske besagt natürlich nicht, daß der Dramatiker oder das Publikum über ein detailgetreues Wissen der Lehren und Aktivitäten des Sokrates oder anderer zeitgenössischer Intellektueller verfügt hätte (obgleich eine Reihe von Kommentatoren von Parallelen zwischen Details der Lehren, die in den *Wolken* lächerlich gemacht werden, und Lehren des zeitgenössischen Naturphilosophen Diogenes von Apollonia beeindruckt waren). Doch sowohl der Dramatiker wie das Publikum müssen ein gewisses Bild davon gehabt haben (das allerdings einiges an Übertreibung, Simplifizierung und Verzerrung zuläßt), worum es Sokrates auf der einen Seite und Intellektuellen wie Protagoras und Diogenes auf der anderen Seite ging. Damit stellt sich die Frage, was Sokrates bis zum Jahr 423 getan hatte, um dieses Bild entstehen zu lassen.

Es ist sehr unwahrscheinlich, daß er tatsächlich das getan hatte, was er in der Darstellung des Aristophanes tut, daß er nämlich eine Institution zur wissenschaftlichen Forschung und Lehre in argumentativen Techniken gegründet hätte, oder auch nur, daß er für den Unterricht in einem dieser Gebiete bezahlt worden wäre. Sowohl Platon wie Xenophon bestreiten wiederholt und emphatisch, daß Sokrates ein wissenschaftliches Expertentum für sich in Anspruch genommen oder gegen Geld unterrichtet hätte (*Apol.* 19d–20c, 31b–c, Xen. *Mem.* 1.2.60, 1.6.5 und 1.6.13). Der Kontrast zwischen dem professionellen Sophisten, der als ‚Kleinkrämer mit Gütern für die Seele' (*Prot.* 313c) ein großes Vermögen anhäuft (*Men.* 91d, *Hipp. Ma.* 282d–e), und Sokrates, der aus Sorge um ihr Wohl anderen freigiebig seine Zeit widmet und deshalb in Armut lebt (*Apol.* 31b–c), ist ein zentrales Moment in der Abgrenzung, die Platon zwischen beiden vornimmt. Die Annahme, Platon habe systematisch diese Strategie ergriffen, in dem Wissen, daß Sokrates bereits als ein derartiger Straßenhändler der Bildung berüchtigt gewesen wäre, ist unmöglich (dies trifft abgeschwächt auch auf Xenophon zu). Es spricht jedoch nichts dagegen, daß die Verzerrung der Komödie ihn so zeigt, obgleich er tatsächlich etwas anderes war.

Was aber war Sokrates? Alle Beschreibungen gleichen sich darin, daß Sokrates zuallererst jemand war, der argumentierte und fragte, der die Ansprüche der Leute auf Expertentum in Frage stellte und Widersprüchlichkeiten in ihren Überzeugungen aufdeckte. Genau dies, so wußte oder zumindest meinte man, taten die Sophisten und brachten es anderen gegen Bezahlung bei. So war es leicht für Sokrates mit seinem abgetragenen Mantel (*Prot.* 335d, Xen. *Mem.* 1.6.2, DL 2.28 – Diogenes zitiert Ameipsias), seinem Verzicht auf Schuhe und seinem seltsamen stolzierenden Gang (*Die Wolken* 362, Pl. *Symp.* 221b), „dieser Sonderling Sokrates" zu werden, „der herumgeht und mit jedem diskutiert und ihn überführt; einer von diesen Sophisten-Kerlen, mit ihren verdammt trickreichen Argumenten, die den Leuten erzählen, daß es keine Götter gibt außer Luft und Wirbel, und daß die Sonne ein roter heißer Stein ist, und anderen solchen Unsinn". Gerüchte über sein frühes Interesse für Naturphilosophie, die Verbindung mit Archelaos und (möglicherweise) unkonventionelle religiöse Einstellungen mögen das Bild vervollständigt haben, das der geniale Komödiendichter Aristophanes 423 auf der Bühne zum Leben erweckte.

Platon erwähnt außerdem zwei Episoden aus dem aktiven Militärdienst, bei Delion in Böotien im Jahr 424 (*Apol.* 28e, *Lach.* 181a und *Symp.* 221a–b) und bei Amphipolis an der Nordküste der Ägäis 422 (*Apol.* 28 e). Sokrates' Mut während des Rückzugs von Delion wurde legendär; spätere Autoren berichten, er habe dort das Leben des Xenophon gerettet. Da aber Xenophon zu diesem Zeitpunkt etwa sechs Jahre alt war, ist dieses Ereignis offenkundig fiktiv und zweifellos auf Alkibiades' Bericht von Sokrates' Heldentum in der früheren Schlacht bei Poteidaia zu beziehen, der die Rettung des verwundeten Alkibiades durch Sokrates enthält (*Symp.* 220 d–e). In jedem Fall ist klar, daß eine außergewöhnliche körperliche Tapferkeit Teil des allgemein akzeptierten Bildes von Sokrates war wie auch seine Gleichgültigkeit körperlichen Belastungen gegenüber, eine bemerkenswerte Trinkfestigkeit (*Symp.* 214 a, 220 a, 223 c–d), und, nach einigen Berichten, ein sehr leidenschaftliches Temperament, in dem Ärger und sexuelles Verlangen durch die Vernunft zurückgehalten wurden (Cicero, *Gespräche in Tusculum*, 4.37.80, vgl. Pl. *Charm.* 155 c–e, *Symp.* 216 d), oder, nach dem Bericht des feindseligen Aristoxenos, auch nicht.

In Xenophons *Symposion* erhalten wir ein detailliertes Bild seiner äußeren Erscheinung im mittleren Alter; Sokrates beschreibt sich selbst als stupsnäsig, mit großen Nasenflügeln, hervortretenden Augen, dicken Lippen (5.5–7) und einem Bauch (2.19), was genau Alkibiades' Vergleich mit einem Satyr oder Silenen in Platons *Symposion* entspricht (215 b, 216 d; vgl. Xen. *Symp.* 4.19; zur Stupsnase und den hervortretenden Augen vgl. auch *Th.* 143 e). Die Scholien (d. h. Randbemerkungen in Manuskripten, die wahrscheinlich in der späten Antike verfaßt wurden) 146 und 223 zu den *Wolken* besagen, er sei glatzköpfig gewesen, doch hierfür gibt es keine zeitgenössische Bestätigung; es könnte sich um eine Annahme handeln, die aus dem Vergleich mit einem Satyr entstanden ist, da Satyren oft glatzköpfig dargestellt wurden.

Über Sokrates' Leben ist bis 406 nichts weiter bekannt. 406 ereignete sich, was anscheinend bis zu seinem Gerichtsverfahren Sokrates' einziger Eingriff in das öffentliche Leben Athens war. Nach einem Sieg in einer Seeschlacht hatten die Athener Admiräle es unterlassen, Überlebende zu retten, und der Rat stimmte dafür, daß sie ein gemeinsames Gerichtsverfahren erhalten sollten, statt jeweils einzelne, wie es das Gesetz verlangte. Da die meisten Ämter damals durch Los vergeben wurden, geriet Sokrates in das Komitee, das die Arbeit des Rats vorzubereiten hatte, und war in dieser Funktion der einzige, der sich gegen den verfassungswidrigen Vorschlag wandte. Diese Version der Ereignisse wird in der *Apologie* (32b–c) und von Xenophon in den *Hellenica* (1.7.14–15) gegeben; in den *Memorabilia* (1.1.18, 4.4.2) präsentiert Xenophon dagegen zweimal eine andere Version, derzufolge Sokrates während der entscheidenden Debatte das Amt des Vorsitzenden des Rats innehatte, und „ihnen nicht erlaubte, dem Antrag stattzugeben" (was angesichts der Tatsache, daß dem Antrag stattgegeben wurde, nur heißen kann, „erfolglos versuchte, zu verhindern, daß dem Antrag stattgegeben wird"[2]).

Nach der endgültigen Niederlage Athens 404 wurde die demokratische Verfassung aufgehoben. Die sogenannten Dreißig Tyrannen kamen an die Macht. Ihre offizielle Aufgabe bestand darin, die Gesetze zu überarbeiten. Sie errichteten jedoch bald eine Schreckensherrschaft, in der Tausende getötet oder ins Exil getrieben wurden. Nach acht Monaten wurde diese Tyrannenherrschaft durch eine gewaltsame Gegenrevolution gestürzt und die Demokratie wiederhergestellt. Sokrates hatte in beiden Lagern Freunde. Prominent unter den Dreißig Tyrannen waren seine Gefährten Charmides und Kritias (beides Verwandte Platons), die in den Kämpfen, die mit dem Umsturz der Tyrannei verbunden waren, getötet wurden. Unter den Demokraten dagegen gehörten der Redner Lysias und Chairephon, die beide ins Exil geschickt wurden und aktiv im Widerstand gegen die Tyrannen waren, zu seinen Freunden. Sokrates behielt die apolitische Haltung bei, die er während der Demokratie angenommen hatte. Er blieb in Athen, weigerte sich jedoch, mit den Tyrannen zusammenzuarbeiten, als

---

[2] Vgl. Platon, *Gorg.* 473e, und den Kommentar bei E. R. Dodds, *Plato*, Gorgias (Oxford 1959), 247–8.

diese versuchten, sich für die Verhaftung eines gewissen Leon von der Insel Salamis seiner Komplizenschaft zu versichern und ihn so in ihre Sache hineinzuziehen, „sondern ging einfach heim" (*Apol.* 32 d, vgl. Xen. *Mem.* 4.4.3). Es findet sich kein Hinweis auf politische Opposition, aber es findet sich dieselbe klare Verweigerung gegenüber jeder Verwicklung in Illegalität und Immoralität, die seine Haltung im Gerichtsverfahren gegen die Marineadmiräle motiviert hatte. Es gibt kein Zeugnis dazu, ob er im Umsturz der Tyrannei irgendeine Rolle gespielt hat; das diesbezügliche Schweigen Platons und, sogar noch bedeutsamer, Xenophons spricht dagegen.

Gerichtsverfahren und Tod

Im Laufe des Jahres 400 oder ganz zu Beginn des Jahres 399 brachte ein unbekannter junger Mann namens Meletos (*Euthyph.* 2 b) folgende Anklageschrift gegen Sokrates vor:

> „Meletos, Sohn des Meletos von Pitthos hat diese Anklage gegen Sokrates, Sohn des Sophroniskos von Alopeke, vorgebracht und beschworen: Sokrates tut Unrecht, insofern er nicht die Götter anerkennt, die die Stadt anerkennt, und neue Gottheiten einführt. Weiter tut er Unrecht, insofern er die Jugend verdirbt. Strafe: Tod."

Zwei andere werden mit der Anklage in Verbindung gebracht: Lykon, der ebenfalls unbekannt ist, und Anytos, ein Politiker, der in der wiederhergestellten Demokratie eine herausragende Rolle spielte. Nach einer einleitenden Untersuchung (erwähnt zu Beginn von Platons *Euthyphron*) vor dem Richter, der als König bezeichnet wurde und für die Fälle verantwortlich war, in denen es um Religion ging, kam der Fall zu Beginn des Frühjahrs 399 vor einer Jury aus 500 Bürgern zur Verhandlung.

Von dem Verfahren ist kein unmittelbarer Bericht überliefert. In den Jahren danach verfaßten verschiedene Autoren vermeintliche Reden von Anklage und Verteidigung; von letzteren sind zwei, von Platon und Xenophon, überliefert, dagegen keine der ersteren. Nach den Reden und der Anhörung von Zeugen von beiden Seiten hatte die Jury für Verurteilung oder Freispruch zu stimmen. Nach *Apol.* 36 a ergab die Abstimmung mit einer Mehrheit von sechzig Stimmen die Verurteilung; vermutlich war das Verhältnis 280 zu 220. Nachdem der Schuldspruch vorlag, sprachen wieder beide Seiten, um eine Strafe vorzuschlagen, und die Jury hatte zwischen beiden Vorschlägen zu entscheiden. Die Anklage verlangte die Todesstrafe. Zunächst weigerte Sokrates sich, eine Strafe zu benennen (in der *Apologie* 36 d–e schlägt er vor, als öffentlicher Wohltäter lebenslang freie Mahlzeiten in der Stadthalle zugesprochen zu bekommen). Schließlich wurde er (nach Platon) dazu bewegt, die nicht unerhebliche Geldstrafe von einem halben Talent vorzuschlagen, mehr als der Lohn von acht Jahren für einen gut ausgebildeten Handwerker (38 b). Die Abstimmung ergab die Todesstrafe, und nach Diogenes Laertius haben zusätzlich achtzig Juroren für die Todesstrafe gestimmt, die zuvor gegen den Schuldspruch waren, was auf ein Verhältnis von 360 zu 140 schließen läßt. Sokrates' Weigerung, eine Strafe zu benennen, hatte ihn offenbar die Sympathie eines beträchtlichen Teils derer gekostet, die zunächst für den Freispruch votiert hatten.

Die Hinrichtung folgte normalerweise sehr bald auf die Verurteilung. Das Verfahren fiel jedoch in die Zeit der jährlichen Gesandtschaft zur heiligen Insel Delos, während der es aus Gründen ritueller Reinheit gesetzlich verboten war, Hinrichtungen durchzuführen (*Ph.* 58 a–c). So wurde das Urteil erst einen Monat (Xen. *Mem.* 4.8.2) nach der Verhandlung vollstreckt. Sokrates war während dieser Zeit im Gefängnis, seine Freunde konnten ihn jedoch problemlos besuchen (*Kriton* 43 a). Platon deutet im *Kriton* an, daß Sokrates Gelegenheit zur Flucht hatte, und zwar vermutlich durch eine Begünstigung der Behörden, die die Hinrichtung einer derart prominenten Gestalt möglicherweise in Verlegenheit brachte (45 e, 52 c). Falls die Gelegenheit bestand, hat Sokrates sie nicht genutzt.

Die letzten Momente seines Lebens sind durch Platons idealisierende Darstellung im *Phaidon* verewigt. Die Hinrichtungsmethode – das Trinken des Schierlingsbechers – war weniger schrecklich als die übliche Methode, eine Form der Kreuzigung. Medizinische Befunde weisen jedoch darauf hin, daß die Wirkung des Gifts tatsächlich weitaus quälender war als das sanfte und würdige Ende, das Platon zeigt. Nach Platon waren seine letzten Worte: „Kriton, wir schulden dem Asklepios einen Hahn; entrichtet ihm den und vergeßt es nicht" (*Ph.* 118 a). Asklepios war der Gott der Gesundheit, und das Opfer eines Hahns stellte den üblichen Dank für die Genesung von einer Krankheit dar. Möglicherweise waren dies wirklich seine letzten Worte; in diesem Fall wäre es interessant, daß seine letzte Sorge sich auf eine rituelle religiöse Handlung bezogen hätte. (Der Satz brachte die rationalistischen Bewunderer des Sokrates im 18. und 19. Jahrhundert in Verlegenheit.) Die Idealisierung in Platons Darstellung legt jedoch nahe, daß die Worte mehr aufgrund ihrer dramatischen Qualität gewählt sind als aufgrund von historischer Korrektheit. In diesem Sinn könnte die Bemerkung mit dem Ziel gewählt sein, abschließend Sokrates' Frömmigkeit zu betonen, doch dies würde eher zu Xenophon passen als zu Platon.

Ein relativ neuer und scharfsinniger Interpretationsvorschlag stellt einen Zusammenhang zu Phaidons Aussage her (59 b), derzufolge Platon in Sokrates' letzten Stunden wegen Krankheit nicht anwesend war. Das Opfer sei der Dank für Platons Erholung und Zeichen für seine Nachfolge als philosophischer Erbe des Sokrates. Daß Platon in diesem Maß für sich selbst Werbung macht, dürfte jedoch eher unwahrscheinlich sein. Plausibler erscheint dann doch die ältere Ansicht, vertreten von Nietzsche und anderen, derzufolge der Dank Sokrates selbst betrifft und dafür entrichtet wird, daß er sich von der Krankheit des Lebens erholt habe (vgl. Shakespeares Macbeth III, 2: „After life's fitful fever he sleeps well"; „Sanft schläft er nach des Lebens Fieberschauern").

Das Fehlen jeglichen Berichts über das Gerichtsverfahren macht es unmöglich, genau zu rekonstruieren, wofür Sokrates angeklagt wurde. Die im Wortlaut vorliegenden Anschuldigungen, die oben zitiert wurden, können ganz unterschiedliche Verhaltensweisen meinen. Zudem ließ die Rechtspraxis in Athen es zu, Material anzuführen, das in bezug auf die Anklagepunkte völlig irrelevant war, die Jury jedoch möglicherweise zugunsten oder zuungunsten des Beklagten beeinflussen konnte. Eine antike Überlieferung lautet, der wahre Grund für Sokrates' Verurteilung sei politisch gewesen und liege in Sokrates' vermeintlichem Einfluß auf diejenigen seiner Gefährten, die für ihr anti-athenisches und antidemokratisches Verhalten berüchtigt waren, allen voran Alkibiades und Kritias. Der Redner Aischines behauptet kategorisch: „Ihr, die Athener, habt den Sophisten Sokrates getötet, weil er Kritias erzogen haben sollte, einen der Dreißig, die die Demokratie stürzten" (*Gegen Timarchos* 173, die Rede wurde 345 v. Chr. gehalten; vgl. Xen. *Mem.* 1.2.12–16). Angesichts dessen, wie berühmt-berüchtigt Alkibiades, Kritias, Charmides und andere Gefährten von Sokrates wie Phaidros und Eryximachos waren, die beide (zusammen mit anderen aus dem Umfeld des Sokrates) im Jahre 415 v. Chr. an einem höchst aufsehenerregenden religiösen Skandal beteiligt waren, wäre es ausgesprochen seltsam, wenn die Anklage deren Untaten nicht vorgebracht hätte, um Sokrates als Verführer der Jugend zu diffamieren. 403 wurde zwar eine Amnestie erlassen, die die Strafverfolgung von Verbrechen, die vorher begangen worden waren, untersagte. Dies konnte jedoch nicht verhindern, daß frühere Ereignisse als bezeichnend für den Charakter des Angeklagten zitiert wurden. Es erscheint somit beinahe sicher, daß der Vorwurf, die Jugend zu verderben, eine politische Dimension hatte. Es folgt jedoch nicht, daß die spezifisch religiösen Vorwürfe nur ein Deckmantel für die politische Verfolgung waren oder daß das vermeintliche Verderben der Jugend neben dem politischen nicht auch einen religiösen Aspekt umfaßte. Wir haben gesehen, daß Aristophanes in den zwanziger Jahren des fünften Jahrhunderts Sokrates als einen Umstürzler der traditionellen Religion, deren Götter durch „neue Gottheiten" wie Luft und Wirbel verdrängt würden, sowie als Zerstörer der gesunden Moral und anständigen Bildung zeichnete. Aus der *Apologie* geht klar hervor, daß Platon meinte, zumindest ein Teil dieser üblen Nachrede hafte Sokrates auch 399 noch an, und ich sehe keinen Grund, dies zu bezweifeln. Obwohl die Zeugnisse zu einer ganzen Reihe von strafrechtlichen Verfolgungen freidenkender Intellektueller im späten fünften Jahrhundert, unter ihnen Protagoras und Euripides, sehr unzuverlässig sind, kann angenommen werden, daß Anaxagoras durch die Androhung strafrechtlicher Verfolgung wegen seiner gottlosen Behauptung, die Sonne sei ein roter heißer Stein, aus Athen vertrieben wurde. Daß Platon in der *Apologie* so bemüht ist, Sokrates von Anaxagoras abzugrenzen (27 d–e), verweist darauf, daß dieser Fall von großer Bedeutung für die Angriffe gegen Sokrates war.

Zudem gibt es Hinweise darauf, daß Sokrates' persönliches religiöses Verhalten und seine religiösen Einstellungen als exzentrisch betrachtet wurden. Seine Behauptung, er werde von einem nur für ihn wahrnehmbaren göttlichen Zeichen geleitet, ist berühmt. Eine innere Stimme warne ihn vor Handlungen, die ihm schaden würden, wie etwa, sich mit Politik zu beschäftigen (*Apol.* 31 c–d). In derselben Passage der *Apologie* sagt Sokrates, Meletos habe dies in seiner Anklageschrift verspottet. Natürlich war Sokrates' Verweis auf sein göttliches Zeichen an sich nicht rechtswidrig oder gottlos; verbunden mit Hinweisen auf seine Unangepaßtheit konnte er jedoch als Hinweis dafür gedeutet werden, daß Sokrates auf seine eigene, unabhängige Art mit den Göttern kommuniziere, wie Euthyphron dies in Platons gleichnamigen Dialog nahelegt (*Euthyph.* 3 b, vgl. Xen. *Mem.* 1.1.2). Darüber hinaus gibt es aus dem vierten Jahrhundert Belege dafür, daß der Athenische Staat zwar fremden Gottheiten wie Bendis und Asklepios den offiziellen Kultstatus zuerkannte, private Kulte jedoch als so gefährlich einschätzte, daß ihre Ausübung mit der Todesstrafe belegt wurde. Sollte Sokrates von manchen als Anführer eines privaten Kultes gesehen worden sein, hätte ihm dies extrem gefährlich werden können. Einige Andeutungen, die in diese Richtung weisen, sind überliefert. In den *Wolken* werden die Initiationsriten in religiöse Mysterien parodiert, indem Sokrates Strepsiades in seine „Denkstätte" einführt (250–74). Ein Chor in den *Vögeln* des Aristophanes (verfaßt 414) beschreibt Sokrates, wie er an einem geheimnisvollen See Geister erweckt, und Chairephon, „die Fledermaus" (einer der Studenten aus den *Wolken*), als einen der Geister, die Sokrates ruft (1553–64). Hier entsteht der Eindruck, Sokrates sei der Anführer einer Gruppe, die sich mit okkulten Experimenten die Zeit vertreibt. Die Geschichte von seiner Trance bei Poteidaia, wo er bewegungslos und gedankenverloren vierundzwanzig Stunden gestanden haben soll (*Symp.* 220 c– d), mag dazu beigetragen haben, daß Sokrates als eine unheimliche Gestalt betrachtet wurde. Während das Bild von Sokrates als atheistischem Naturphilosophen aus heutiger Sicht nicht mit dem des geisterbeschwörenden Fakirs zusammenpaßt, war dieser Gegensatz möglicherweise im fünften Jahrhundert nicht in dieser Weise sichtbar. In jedem Fall haben wir es mit einem bestimmten geistigen Klima zu tun, nicht mit einer präzise artikulierten Liste von Anklagepunkten. Sokrates wurde meiner Auffassung nach als ein religiöser Abweichler und als Umstürzler der traditionellen Moral und Religion gesehen, dessen verderblicher Einfluß in spektakulärer Weise in den skandalösen Verbrechen einiger seiner engsten Gefährten deutlich wird.

Soviel zur Seite der Anklage. Die Verteidigung betreffend verweist die Mehrzahl der Quellen darauf, daß Sokrates eine Verteidigung vorbrachte, obwohl er sich nach einer anderen Überlieferung (die in das vierte Jahrhundert v. Chr. zurückzugehen scheint) überhaupt nicht verteidigt hat. Seine Verteidigung war gemessen an den herkömmlichen Standards jedoch so ungewöhnlich, daß die Vermutung aufkam, er hätte sie nicht im vorhinein vorbereitet oder er hätte nicht ernsthaft erwartet bzw. nicht einmal versucht, die Jury zu überzeugen (Xen. *Apol.* 1–8). (Bei Cicero [*De Oratore* 1.231] und anderen findet sich die Geschichte, nach der Lysias eine Verteidigungsrede geschrieben hat, die Sokrates sich vorzutragen weigerte, weil sie ihm nicht entsprach. Das verweist aller Wahrscheinlichkeit nach nur darauf, daß eine Verteidigung des Sokrates zu den Reden gehört, die Lysias zugeschrieben werden; vgl. [Plutarch] *Leben des Lysias* 836 b.)

Die Frage liegt nahe, inwieweit Sokrates' Verteidigung aus den zwei Versionen der Rede rekonstruiert werden kann, die uns durch Platon und Xenophon zur Verfügung stehen. Diese beiden Versionen haben einen ganz unterschiedlichen Charakter. Platons Version, die mehr als viermal so lang ist, gibt vermeintlich den wörtlichen Text von drei Reden des Sokrates wieder. Die erste stellt eine Antwort auf die Anklagepunkte dar, die zweite bezieht sich nach der erfolgten Verurteilung auf die Frage der Strafe, und drittens wendet sich Sokrates nach dem Votum für die Todesstrafe abschließend an die Jury. Xenophons Version ist erzählend. Sie beginnt mit einer Erklärung dazu, warum Sokrates seine Verteidigung nicht im vorhinein vorbereitet hat, fährt mit einigen vermeintlichen Ausschnitten (in direkter Rede) aus der entscheidenden Verteidigungsrede und der Schlußansprache an die Jury fort und schließt mit Berichten darüber, was Sokrates nach der Verhandlung gesagt habe. Auch inhaltlich gibt es beträchtliche Unterschiede zwischen den beiden Versionen. Beide stellen Sokrates dar, wie er in seiner entscheidenden Rede auf die drei Punkte der Anklage antwortet; der Inhalt dieser Antworten weicht jedoch stark voneinander ab. Xenophons Sokrates weist den Vorwurf zurück, die Götter der Stadt nicht anzuerkennen, indem er darauf verweist, er habe gewissenhaft an den öffentlichen religiösen Feiern teilgenommen. Er bezieht die Beschuldigung, neue Gottheiten einzuführen, allein auf sein göttliches Zeichen und argumentiert, das Vertrauen auf Zeichen, Orakel etc. sei ein festes Element der konventionellen Religion. Der Vorwurf, andere moralisch zu verderben, wird bei Xenophon vornehmlich durch das Argument zurückgewiesen, Sokrates lebe anerkannterweise im Sinne der konventionellen Tugenden. So werde ihm im Grunde die Erziehung junger Leute vorgeworfen, die eigentlich als Nutzen, nicht als Schaden gelten sollte (was Meletos zugesteht). Der Tonfall der Verteidigung ist durchweg derart konventionell, daß der Leser sich am Ende fragt, warum die Vorwürfe überhaupt vorgebracht wurden.

Platons Sokrates beginnt dagegen mit der These, die gegenwärtige Anklage sei der Höhepunkt einer Reihe fälschlicher Darstellungen, deren Ausgangspunkt er in Aristophanes' Karikatur sieht, die zwei kardinale Fehler enthalte – daß er sich als Experte in der Naturphilosophie bezeichne und daß er gegen Bezahlung unterrichte. (In der Entgegnung auf den zweiten Punkt widerspricht er Xenophons Sokrates, indem er leugnet, überhaupt jemanden zu unterrichten.) In der Beantwortung der so für ihn entstehenden Frage, was in seinem tatsächlichen Verhalten Anlaß zu diesen falschen Darstellungen gegeben habe, behauptet er, daß es sich um eine bestimmte Art der Weisheit handele. Die Erklärung, worin diese Weisheit bestehe, trägt ihn weit über Xenophons Sokrates hinaus, da sie nicht weniger beinhaltet als eine Verteidigung seiner gesamten Lebensweise als einer göttlichen Mission, die von einer völlig unkonventionellen Art ist.

Seine Mission wurde, so Platons Sokrates, durch eine Frage seines Freundes Chairephon an das Apollonorakel in Delphi ausgelöst. Chairephon fragte, ob irgend jemand weiser sei als Sokrates, worauf das Orakel antwortete, niemand sei weiser. Da Sokrates wußte, daß er über kein Expertentum irgendeiner Art verfügte, war er verwirrt darüber, was das Orakel besagen könnte, und versuchte deshalb, unter anerkannten Experten (allen voran unter Experten in öffentlichen Angelegenheiten, dann aber auch unter Dichtern und Handwerkern) jemanden zu finden, der weiser war als er selbst. Indem er sie über ihre Kenntnisse befragte, fand er jedoch heraus, daß sie tatsächlich nicht über die Weisheit verfügten, die sie in Anspruch nahmen, und insofern weniger weise als Sokrates waren, der sich immerhin seines eigenen Unwissens bewußt war. Er kam so zu der Einsicht, daß die Weisheit, die ihm das Orakel zugeschrieben hatte, genau in diesem Bewußtsein seiner Unwissenheit bestand und daß er eine göttliche Mission habe, anderen zu zeigen, daß ihre Inanspruchnahme von Wissen nicht haltbar sei. Dieses Unterfangen, andere zu befragen, das als „Sokratische Elenktik" (von griechisch *elenchos*, „Widerlegung", „Prüfung") bezeichnet wird, war die Grundlage seiner Unbeliebtheit und der mit ihr verbundenen verfälschenden Darstellung. Doch später in der Rede hält er seine Elenktik für den größten Nutzen, den er der Stadt je gebracht hätte. Seine Verpflichtung, dem Gott weiter gehorsam zu sein, beschreibt er als so zwingend, daß er sie nicht aufgeben würde, auch wenn er dadurch sein Leben retten könnte.

Diese Geschichte wirft eine Reihe von Fragen auf, deren erste natürlich die Authentizität des Orakels betrifft. Ist die Geschichte wahr, oder ist sie nur, wie einige Gelehrte vorgeschlagen haben, Platons Erfindung? Es gibt keine offiziellen Aufzeichnungen über das Orakel von Delphi, die hier zu Rate gezogen werden könnten. Die überwiegende Zahl der Orakelsprüche, die uns bekannt sind, wird in literarischen Quellen erwähnt, deren Zuverlässigkeit von Fall zu Fall beurteilt werden muß. Der Umstand, daß auch Xenophon den Orakelspruch erwähnt, stellt keinen unabhängigen Beleg dar, da es ziemlich wahrscheinlich ist, daß er seine *Apologie* in Kenntnis der *Apologie* Platons verfaßt hat. Eventuell hat er die Geschichte von Platon übernommen; es ist nicht möglich, in diesem Punkt Gewißheit zu erlangen. Ich selbst tendiere jedoch zu der Annahme, daß die Geschichte wahr ist. Wäre sie es nicht, warum sollte Platon dann Chairephon als Fragenden identifizieren, statt einfach von ‚irgendeinem' zu sprechen, und warum fügt er das Detail hinzu, daß, obwohl Chairephon zur Zeit der Gerichtsverhandlung bereits verstorben war, dessen Bruder noch gelebt habe und die Geschichte bezeugen könne? Wichtiger als die historische Wahrheit der Geschichte ist, wie unterschiedlich Platon und Xenophon sie einsetzen. Xenophon zufolge lautete der Ausspruch des Orakels, niemand sei freieren Geistes, gerechter oder beherrschter als Sokrates. Eine Liste von Gelegenheiten, bei denen Sokrates diese Tugenden gezeigt hat, wird angeführt, wobei Weisheit nur nebenbei erwähnt wird. Platon zufolge besagte der Orakelspruch, niemand sei weiser als Sokrates, und die Sokratische Weisheit wird als Selbsterkenntnis begriffen. Xenophon verwendet die Geschichte, um sein konventionelles Bild der moralischen Tugend des Sokrates zu bestärken, Platon dagegen, um die Sokratische Befragung als Erfüllung einer göttlichen Mission und demzufolge als Akt höchster Frömmigkeit darzustellen.

Ein anderes auffallendes Element in Platons Version der Orakelgeschichte ist, daß sich Sokrates' Suche nach der Bedeutung des Orakelspruchs zu einer lebenslangen Mission ausweitet, sich um die Seelen seiner Mitbürger zu kümmern, indem er sie befragt. In 23a wird eine Erklärung des Orakelspruchs gegeben: „In Wahrheit ist der Gott [d.h. nur der Gott] weise, und menschliche Weisheit ist wenig oder nichts wert (…). Unter euch, ihr Menschen, ist der der weiseste, der wie Sokrates eingesehen hat, daß er in Wahrheit nichts wert ist, was die Weisheit anbelangt." Doch diese Entdeckung setzt der Sokratischen Suche kein Ende. Sie bringt Sokrates vielmehr dazu, sie fortzusetzen: „Deshalb gehe ich bis heute nach der Anweisung des Gottes umher und suche unter den Bürgern und den Fremden jeden heraus, von dem ich glaube, daß er weise ist; und wenn er mir dann nicht weise scheint, helfe ich dem Gott, indem ich ihm zeige, daß er nicht weise ist." Inwiefern „hilft Sokrates dem Gott", wenn er Leuten zeigt, daß ihr Anspruch auf Weisheit auf nichts beruht? Der Gott fordert von ihm, den Menschen ihren Mangel an echter Weisheit offenzulegen, die Gott allein zukommt – aber warum? Es entsprach der traditionellen Weisheit, daß Menschen ihre Unterlegenheit den Göttern gegenüber anerkennen sollten. Schreckliche Strafen erwarteten die, die die Grenze zu überschreiten versuchten, wie z. B. Apolls Bestrafung des Satyrs Marsyas, der es gewagt hatte, ihn bei einem musikalischen Wettstreit herauszufordern, und dem Apoll die Haut abzog. Doch der

Nutzen aus der Sokratischen Befragung war nicht nur von solch äußerer Art. In Sokrates' Aufforderung geht es vielmehr darum, „sich um Einsicht, um Wahrheit und den bestmöglichen Zustand der eigenen Seele zu sorgen" (29 e), da „aus der Tugend der Reichtum und alle anderen menschlichen Güter entstehen, sowohl im privaten wie im öffentlichen Leben" (30 b). Es besteht also ein enger Zusammenhang zwischen Selbsterkenntnis und dem bestmöglichen Zustand der eigenen Seele. Entweder ist Selbsterkenntnis identisch mit diesem Zustand, oder sie ist seine Bedingung – notwendige, hinreichende oder möglicherweise notwendige und hinreichende Bedingung. Dies ist der Grund, weshalb der Stadt nie etwas Besseres widerfahren ist als Sokrates' Dienst für den Gott.

Die Details der Beziehung zwischen Selbsterkenntnis und dem besten Zustand der Seele werden in der *Apologie* nicht ausgeführt. Klar ist, daß Platon hier das Thema der Beziehung zwischen Wissen und Tugend formuliert, das zentral für viele der Dialoge ist, und daß dieses Thema in der *Apologie* als Kern der Sokratischen Antwort auf den Vorwurf, die Götter der Stadt nicht anzuerkennen, dargestellt wird. Anders als Xenophon erwähnt Platon nichts über Sokrates' Ausübung der konventionellen Religion, sei es privat oder öffentlich. Statt dessen zeigt er das philosophische Leben selbst als eine höhere Form der religiösen Praxis, und zwar im Gehorsam gegen einen Gott, der will, daß wir unsere Seelen, und das heißt uns selbst, so vollkommen wie möglich machen. Beide Autoren lassen Sokrates im Sinne seiner eigenen Ziele antworten. Xenophon geht es darum, Sokrates' konventionelle Frömmigkeit und Tugend zu betonen, und Platons Ziel ist es, ihn als ein Muster des philosophischen Lebens zu zeigen.

Platons Version der Antworten auf die anderen Punkte der Anklage macht die Kraft der Sokratischen Befragung deutlich. Der Vorwurf, er führe neue Gottheiten ein, wird zurückgewiesen: Meletos wird im Sokratischen Kreuzverhör zu dem Zugeständnis gebracht, daß seine Position unhaltbar ist, da er sowohl behauptet,

Sokrates führe neue Gottheiten ein, als auch, er erkenne gar keine Götter an. Dem Anklagepunkt, Sokrates verderbe seine Gefährten, wird entgegengehalten, dies könne höchstens unbeabsichtigterweise geschehen sein, da sie ihm, wenn sie verdorben wären, schaden würden und niemand sich selbst absichtlich schade. Insofern diese letzte These zentral für die ethischen Ansichten ist, die Sokrates in mehreren Platonischen Dialogen vertritt, wird deutlich, daß Platon die Entgegnungen auf die Anklage gegen Sokrates nicht allein nach Sokrates' argumentativen Methoden ausrichtet, sondern auch nach seiner ethischen Theorie. Für Platon ist die Beschuldigung des Sokrates nicht nur ein Angriff auf einen einzelnen, sondern, was noch wichtiger ist, ein Angriff auf die Sokratische Praxis der Philosophie. Sie muß zurückgewiesen werden, indem deren wahre Natur als Dienst für den Gott gezeigt wird und ihre argumentativen und inhaltlichen Potentiale geübt werden. Der philosophische Gehalt von Xenophons Entgegnung ist dagegen, wenn überhaupt davon gesprochen werden kann, sehr gering.

Somit ist deutlich, daß der Versuch einer Rekonstruktion von Sokrates' tatsächlichen Verteidigungsreden durch ein Zusammensetzen der beiden Quellen vergebens ist, da beide eine Verteidigung präsentieren, die den jeweiligen speziellen Zielen entspricht. Die Frage, ob irgendeine bestimmte Aussage oder ein bestimmtes Argument, von dem Platon und Xenophon berichten, wirklich von Sokrates vorgebracht wurde, ist nach meiner Ansicht nicht zu beantworten. Allerdings scheint mir, daß Platons Version die allgemeine Atmosphäre der Verhandlung und der Verteidung des Sokrates möglicherweise treffender erfaßt als die des Xenophon, und zwar aus zwei Gründen. Erstens bezieht Platons Betonung von Aristophanes' Karikatur und ihren Auswirkungen (die in Xenophons Version gänzlich fehlen) die Anklage auf ihren historischen Hintergrund und schreibt den Anschuldigungen der religiösen Abweichung und Innovation eine weitaus wichtigere Rolle zu als dies bei Xenophon der Fall ist. Zweitens bringt die Darstellung von Sokrates' Mission der Befragung als Dienst an seinem Gott den unkonventionellen Charakter von Sokrates' Verteidigung sehr viel besser zum Ausdruck als Xenophons allzu verbindliche Beschreibung. Ironischerweise wird in Platons Version die Arroganz sehr viel deutlicher als bei Xenophon, der gesagt hat, alle hätten sie Sokrates zugeschrieben, und um Erklärungen dafür bemüht ist.

3. Sokratische Literatur und das Sokratische Problem

In der Darstellung von Sokrates' Leben und seinem Tod, die im letzten Kapitel unternommen wurde, haben wir uns bereits mit dem sogenannten „Sokratischen Problem" auseinandergesetzt, also mit der Frage, was uns die Quellen über das Leben und den Charakter des historischen Sokrates sagen können. Jeder einzelne Satz des letzten Kapitels mußte mit impliziten oder expliziten Annahmen über den Charakter und die Zuverlässigkeit der verwendeten Quelle arbeiten. Insbesondere wurden in der Diskussion von Sokrates' Verhandlung die unterschiedlichen Auffassungen betont, die in den Darstellungen von Sokrates' Verteidigung bei Platon und Xenophon zum Ausdruck kommen. Zusammenfassend wurde festgestellt, daß wir die wesentlichen Linien der Sokratischen Verteidigung zwar in etwa durch Plausibilitätsüberlegungen bestimmen können, daß die Quellen aber nur auf den allgemeinen Tenor der Verteidigung schließen lassen, uns über die Details jedoch im unklaren lassen. In diesem Kapitel sollen diese Ergebnisse in einen größeren Kontext gestellt werden, indem eine knappe Skizze und Beschreibung der überlieferten antiken Literatur gegeben wird, die sich mit Sokrates befaßt, sowie ihres jeweiligen literarischen Genres.

Andere Autoren neben Platon

Bezüglich der ersten Art Sokratischer Literatur, der Darstellung von Sokrates in der Komödie des fünften Jahrhunderts, ist dem letzten Kapitel nichts hinzuzufügen. Sie stellt den einzigen Teil der Sokratischen Literatur dar, der nach unseren Kenntnissen vor Sokrates' Tod geschrieben worden ist; ihr Bild des Sokrates kann nicht durch Platon beeinflußt sein. Wir erhalten eine zeitgenössische Karikatur, in der Sokrates mit einer Reihe von wichtigen Momenten des damaligen intellektuellen Lebens in Verbindung gebracht wird und die höchst wahrscheinlich wesentlich zu dem Klima des Verdachts und der Feindseligkeit beitrug, das schließlich zu seinem Tod geführt hat.

*

In den Anfangskapiteln der *Poetik* bezieht sich Aristoteles auf „Sokratische Gespräche" *(Sōkratikoi logoi)* sowie auf Mimen von Sophron und Xenarchos, zwei sizilianische Schriftsteller aus dem fünften Jahrhundert (offenbar Vater und Sohn), als Beispiele für ein Genre, das bis dahin noch keinen Namen hatte. Die Mimen waren dramatisierte Darstellungen des Alltagslebens (einige Titel wie *Schwiegermutter* und *Die Thunfisch-Fischer* sind überliefert), fiktiv und vermutlich komisch, die danach eingeteilt wurden, ob es um weibliche oder männliche Charaktere ging. Es gibt keinen Hinweis darauf, daß unter den dargestellten Figuren historische Personen waren. Obwohl Aristoteles sie demselben Genre zuordnet wie die Sokratischen Gespräche und Platon sie in Athen eingeführt haben und durch ihre Zeichnung von Charakteren beeinflußt worden sein soll, sollten wir die Ähnlichkeit nicht überschätzen. Diese besteht im wesentlichen darin, daß es um Prosadarstellungen von Gesprächen geht, die mehr oder weniger aus dem zeitgenössischen Leben stammen. Vor allem sollten wir nicht den voreiligen Schluß ziehen, Sokratische Gespräche seien rein fiktiv, weil die Mimen, mit denen sie in ein Genre zusammengefaßt werden, dies sind. Mindestens im Hinblick auf einen Aspekt sind sie nicht fiktiv, insofern nämlich ihre Personen weitgehend dem realen Leben entnommen sind. Inwieweit diese Charaktere dann in einer fiktiven Weise dargestellt werden, ist eine weitere Frage.

Die antiken Quellen schreiben die Erfindung der „Sokratischen Gespräche" unterschiedlichen Autoren zu. Unstrittig ist jedoch, daß das Verfassen derartiger Unterredungen unter Sokrates' Gefährten weit verbreitet war. Neben Platon und Xenophon werden mindestens neun von ihnen von der einen oder anderen Quelle als Autoren erwähnt. Es gibt keinen sicheren Beleg dafür, daß derartige Literatur bereits vor Sokrates' Tod verfaßt worden wäre. Die Annahme liegt nahe, daß die Autoren das von Xenophon ausgesprochene Ziel hatten, Sokrates zu verewigen und sein Gedenken sowohl gegen die Anklagepunkte des Gerichtsverfahrens als auch gegen feindselige Darstellungen wie die *Anschuldigungen des Sokrates* zu verteidigen, ein (verlorenes) Pamphlet, das ein Redner namens Polykrates in der Zeit nach 394 v. Chr. verfaßt hat. Von einigen Freunden des Sokrates berichtet Diogenes Laertius, sie hätten während der Unterredungen Aufzeichnungen gemacht, und nichts spricht gegen die Glaubwürdigkeit dieser Überlieferung. Aber ebenso, wie wir nicht annehmen sollten, daß die „Sokratischen Gespräche" gänzlich fiktiv waren, sollte der gegenteilige Fehler vermieden werden, Abschriften tatsächlicher Gespräche als ihre Grundlage zu betrachten. Der Sinn der Mitschriften lag nicht darin, einen wörtlichen Bericht für spätere Publikationen zu erstellen, sondern vielmehr darin, authentisches Sokratisches Material zu bewahren, um es in weitgehend fiktive Bearbeitungen einfließen zu lassen.

Außer den Schriften von Platon und Xenophon ist sehr wenig von dieser Literatur überliefert. Bei den meisten Autoren haben wir nur Titel und fragmentarische Textstücke. Einige Titel verweisen auf thematische Verbindungen zu anderen Texten, unter anderem auch zu den Dialogen von Platon. So soll Kriton einen *Protagoras* und eine Verteidigung des Sokrates geschrieben haben;

Aischines, Antisthenes, Eukleides und Phaidon haben jeweils einen Dialog namens *Alkibiades* geschrieben; Aischines und Antisthenes verfaßten jeweils einen Dialog namens *Aspasia* (Aspasia war die berühmte Geliebte des Staatsmanns Perikles und die Inspiration zu Platons *Menexenos*); und Antisthenes verfaßte einen Dialog namens *Menexenos*. Eine besonders interessante Überlieferung stellt ein anonymes Papyrus-Fragment dar, das sich jetzt in Köln befindet.[3] Es enthält einen Teil eines Gesprächs zwischen Sokrates und einer nicht benannten Person in Sokrates' Zelle nach der Verurteilung (was an Platons *Kriton* erinnert), in dem Sokrates gefragt wird, warum er sich bei der Verhandlung nicht verteidigt habe. In seiner Antwort wird Sokrates wie im *Protagoras* als Vertreter der These dargestellt, Lust sei das höchste Ziel des Lebens, eine Position, die von der Schule der Kyrenaiker vertreten wurde, die von dem Sokratesschüler Aristipp gegründet wurde (auch er ist ein Verfasser von Dialogen). Es ist gut denkbar, daß der Autor dieser Schule angehört hat. Eine andere mögliche Verbindung zu Platons *Protagoras* liegt in Aischines' *Kallias* vor (Kallias' Haus ist Schauplatz des Platonischen Dialogs sowie von Xenophons *Symposion*). Neben seinem *Alkibiades* schrieb Eukleides von Megara einen Dialog namens *Aischines*, einen *Kriton* und einen *Erotikos* (letzteren zu einem charakteristisch Sokratischen Thema, wie Platons *Phaidros* und *Symposion* und Aischines' *Alkibiades* bezeugen). Daß der Name des Alkibiades in diesen Auflistungen derart vorherrscht, ist kein Zufall. Wie wir im letzten Kapitel gesehen haben, hat Alkibiades' Umgang mit Sokrates mit Sicherheit den Vorwurf genährt, Sokrates verderbe die Jugend. Wahrscheinlich wurde er auch nach Sokrates' Tod noch herangezogen, um seinen Ruf zu schädigen. In Xenophons Worten (*Mem.* 1.2.12): „Der Ankläger [möglicherweise Polykrates] sagte, daß Kritias und Alkibiades, Gefährten des Sokrates, der Stadt den größten Schaden zugefügt haben. Kritias nämlich war der raffgierigste und brutalste aller Oli-

---

[3] Für Einzelheiten siehe J. Barnes, Editor's Notes, *Phronesis* 32 (1987), 325–6.

garchen, und Alkibiades der unbeherrschteste und zügelloseste unter allen Demokraten." Dementsprechend wurde es zu einem zentralen Thema der Sokratischen Literatur, daß Sokrates, weit davon entfernt, Alkibiades in seiner Unbeherrschtheit zu ermutigen, versucht habe, ihn zu bändigen, und daß seine Verbrechen (unter ihnen Frevel und Verrat) aus der Nichtbeachtung von Sokrates' Ratschlägen, statt aus ihrer Beachtung, zu erklären seien. Xenophon argumentiert etwas prosaisch in den *Memorabilia* (1.2), Alkibiades habe sich wie Kritias gut verhalten, solange er in Sokrates' Gesellschaft war, und sich erst zu seinem Nachteil verändert, als er nicht mehr mit ihm Umgang hatte. Sein Motiv im Umgang mit Sokrates sei von Anfang an ohnehin nur sein Streben nach politischer Macht gewesen, nicht Interesse an Sokrates. (Ein gefährliches Argument, denn warum sollte sein Verlangen nach Macht ihn zu Sokrates führen, wenn er nicht der Ansicht war, Sokrates könne ihm hier helfen?)

Platons Bild von Alkibiades' Beziehung zu Sokrates im *Symposion*, das in der ersten Person von Alkibiades dargestellt wird, zielt in dieselbe Richtung. Sokrates' Mut und Selbstbeherrschung (die den sexuellen Schmeicheleien des ansonsten unwiderstehlichen Alkibiades standhält) erfüllen ihn mit Scham und der Erkenntnis, daß er sich so verhalten sollte, wie Sokrates es verlangt. Später erliegt er aber in Sokrates' Abwesenheit der Schmeichelei der Menge, so daß er froh wäre, Sokrates tot zu sehen (216b–c). Das Thema des wahrscheinlich pseudo-Platonischen *Alkibiades I* ist ähnlich. Alkibiades ist überzeugt, daß seine Fähigkeiten größer sind als die irgendeines anerkannten führenden Politikers, und schlägt vor, in die Politik zu gehen. Sokrates' Aufgabe ist es, ihm klarzumachen, daß er nicht qualifiziert ist, da ihm das notwendige Wissen fehlt, nämlich das Wissen darum, was das Beste ist. Der Dialog endet damit, daß Alkibiades verspricht, Sokrates zu gehorchen. Sokrates antwortet, offenkundig in Anspielung auf ihr jeweiliges späteres Schicksal, er befürchte, es könne sich zeigen, daß die Stadt stärker als sie beide sei.

Ehrgeiz, Scham und Wissen sind in ähnlicher Weise auch Thema im *Alkibiades* des Aischines von Sphettos, von dem uns einige wesentliche Abschnitte überliefert sind. Sokrates erzählt einem Gefährten, dessen Name nicht genannt wird, ein Gespräch mit Alkibiades. Er beginnt mit der Beobachtung, Alkibiades' politischer Ehrgeiz beruhe darauf, daß er Themistokles nacheifere, dem großen Staatsmann, der Athen 480 im Persischen Krieg geführt hat. Dann erklärt er, wie Themistokles' Erfolge auf Wissen und Einsicht beruhten, die allerdings nicht ausreichten, um ihn am Ende vor Schande und Verbannung zu retten. Die Pointe besteht darin, Alkibiades seine intellektuelle Unterlegenheit Themistokles gegenüber zu demonstrieren sowie die damit verbundene Eitelkeit des Vorhabens, mit ihm zu konkurrieren. Die Strategie ist derart erfolgreich, daß Alkibiades in Tränen ausbricht, seinen Kopf auf Sokrates' Knie legt und ihn bittet, ihn zu erziehen. Sokrates beendet seine Geschichte, indem er seinen Gefährten erklärt, daß ihm dies nicht durch irgendeine Fähigkeit, die er besitzt, sondern durch eine göttliche Gabe gelungen sei, die er mit seiner Liebe für Alkibiades gleichsetzt: „und obwohl ich keine Wissenschaft oder Kunst beherrsche, die ich jemandem beibringen könnte, um ihm zu nutzen, dachte ich trotzdem, daß ich Alkibiades im Umgang mit ihm durch die Kraft der Liebe besser machen konnte." Dieser Ausschnitt verbindet zwei Themen, die wesentlich für Platons Bild von Sokrates sind: das Abstreiten von Wissen oder der Fähigkeit, zu unterrichten, und die Rolle der Liebe in anregenden Freundschaften, deren Ziel die Erziehung des Geliebten ist (vgl. v. a. *Symposion* und *Phaidros*).

Der einzige andere Sokratische Dialog, von dem entscheidende Passagen überliefert sind (außer den Dialogen von Platon und Xenophon), ist Aischines' *Aspasia*. Auch dieser Dialog paßt zu den Themen in anderen Sokratischen Schriften. Gegenstand ist ein Gespräch zwischen Sokrates und Kallias, dessen Anfang an Platons *Apologie* 20 a–c erinnert, wenn auch mit vertauschten Rollen. Dort berichtet Sokrates von einem Gespräch, in dem Kallias den Sophisten Euenos von Paros als Lehrer seiner Söhne empfiehlt, während Kallias in Aischines' Dialog Sokrates fragt, wen er als Lehrer empfehlen würde, und erstaunt ist, daß Sokrates die berühmt-berüchtigte Kurtisane Aspasia vorschlägt. Sokrates begründet seine Empfehlung, indem er auf zwei Bereiche hinweist, in denen Aspasia spezielle Kenntnisse hat: Rhetorik, worin sie nicht nur den berühmten Perikles, sondern auch Lysias, einen anderen hervorragenden Politiker, unterrichtet hat, und Eheberatung. Das erste Thema verbindet diesen Dialog mit Platons *Menexenos*, in dem Sokrates eine Begräbnisrede hält, von der er sagt, Aspasia habe sie verfaßt. Er fügt hinzu, daß sie viele in Rhetorik unterrichtet hat, unter ihnen Perikles, und die berühmte Begräbnisrede geschrieben habe, die im zweiten Buch von Thukydides' Werk zur Geschichte des Peloponnesischen Kriegs angeführt wird. Das Thema der Eheberatung stellt eine interessante Verbindung zu Xenophon dar, da die Adressaten von Aspasias weisen Ratschlägen in Sokrates' Beschreibung niemand anders als Xenophon und seine Frau sind. (Der Stil der Ratschläge ist charakteristisch sokratisch, indem Aspasia durch eine Reihe von Beispielen, in denen Ehemann und Ehefrau von jeder Sache – Kleidung, Pferde etc. – jeweils das Beste wollen, zu der Schlußfolgerung gelangt, daß beide den besten Ehepartner wollen, woraus sie folgert, jeder von beiden müsse die Partnerschaft vollkommen gestalten.) Es kann kaum Zufall sein, daß Xenophon Aspasias Kenntnisse in der Ehestiftung und Ausbildung der Ehefrauen zweimal erwähnt (*Mem.* 2.6.36, *Oec.* 3.14). Wir sollten natürlich nicht unterstellen, daß Xenophon wirklich persönlich von Aspasias Kunst profitiert hat, wie Aischines es darstellt. Entscheidend ist, daß wir es hier mit einem gemeinsamen Thema des literarischen Zirkels zu tun haben, in dem über Sokrates geschrieben wurde, und daß jeder, der es später aufgegriffen hat (eine Frage, die die Überlieferung offenzulassen scheint), dies wahrscheinlich im Wissen um seine frühere Behandlung getan hat. Ähnlich im unklaren müssen wir im Hinblick auf die relative Chronologie von Platons *Menexenos*, den beiden Dialogen namens *Aspasia* von

Aischines und Antisthenes und den zahlreichen Dialogen namens *Alkibiades* bleiben. Im allgemeinen gibt es, mit Ausnahme der wenigen Fälle, in denen sich Xenophon ziemlich eindeutig auf Schriften von Platon zu beziehen scheint, sehr wenige Anhaltspunkte für die relative Chronologie der Sokratischen Werke.

Die Sokratischen Schriften Xenophons und Platons Sokratische Dialoge sind die einzigen Werke der Sokratischen Literatur, die vollständig überliefert sind. Neben Xenophons Version der Sokratischen Verteidigung sind die *Memorabilia* erhalten, vier Bücher, die vorwiegend in direkter Rede von Sokrates' Gesprächen berichten, das *Symposion*, die lebhafte Beschreibung einer Abendgesellschaft, bei der Sokrates Gast ist (mit Ähnlichkeiten und einigen deutlichen Bezügen auf Platons *Symposion*), und schließlich der *Oekonomikos*, eine moralisierende Abhandlung über die Verwaltung von Gütern in der Form eines Sokratischen Dialogs. Der Anfang der *Memorabilia* zeigt deutlich, daß die Schrift vorwiegend apologetisch motiviert ist. Xenophon beginnt mit einem Zitat der Anschuldigungen gegen Sokrates und leitet die Sokratischen Gespräche mit zwei Kapiteln ein, in denen er die Themen seiner *Apologie* behandelt – daß Sokrates außerordentlich fromm war, von musterhafter Tugend, und daß er einen guten Einfluß auf seine jüngeren Gefährten hatte, von denen einige sich unglücklicherweise durch die Mißachtung seiner Ratschläge negativ entwickelt hätten. Im Rest des Buches werden diese Themen in einer Reihe von Unterhaltungen ausgebaut, meist zwischen Sokrates und einer anderen Person, obwohl manchmal erwähnt wird, daß auch andere anwesend sind. Die Gesprächspartner sind vorwiegend bekannte Figuren aus dem Sokratischen Zirkel wie Aristipp, Kriton und sein Sohn Kritobulos sowie Xenophon selbst, aber auch andere, wie etwa die Söhne des Perikles, die Sophisten Antiphon und Hippias und eine Prostituierte der oberen Schichten namens Theodote. Das letzte Kapitel kehrt zu dem Thema zurück, mit dem die *Apologie* beginnt: Sokrates habe keine Verteidigung vorbereitet, weil sein göttliches Zeichen ihm bedeutet habe, es sei besser für ihn zu sterben, als im hohen Alter geistig zu verfallen. Es schließt mit einer Lobrede auf Sokrates als dem besten und glücklichsten Menschen, der nicht nur in allen Tugenden herausragte, sondern sie auch bei anderen gefördert hat.

Das Werk ist somit eine dichtere und detailreichere Version der *Apologie*. Im Einklang mit dieser zeigt der Inhalt der Unterhaltungen einen starken Hang zur Frömmigkeit, moralischer Erbaulichkeit und guten praktischen Ratschlägen. So erteilt Sokrates zum Beispiel einem ungläubigen Bekannten namens Aristodemos eine kleine Lektion über die Ordnung der Welt durch die Vorsehung, wobei er neben anderen Punkten erläutert, wie die Augenwimpern dazu gemacht sind, die Augen vor Wind zu schützen (1.4). Er legt dem Hedonisten Aristipp die Selbstbeherrschung nahe, indem er ihm eine von dem Sophisten Prodikos stammende Geschichte darüber erzählt, wie Herakles die nüchternen Freuden der Tugend den trügerischen Verlockungen des Lasters vorzog (2.1). Mit einer Reihe von Gesprächspartnern diskutiert er die Rolle eines Generals (3.1–5). Er hilft einem Freund in finanziellen Schwierigkeiten, indem er ihn davon überzeugt, die Frauen in seinem großen Haushalt Kleider nähen zu lassen (2.7), und gibt Ratschläge zur Bedeutung von körperlicher Fitneß (3.12) und Tischmanieren (3.14).

Damit soll nicht gesagt werden, das Werk habe keinen philosophischen Gehalt. Sokrates verwendet Methoden der Argumentation, die wir von Platon kennen, wie etwa induktive Argumente, in denen eine Schlußfolgerung aus einer Aufstellung von ähnlichen Fällen gezogen wird (z. B. 2.3), die sich oft auf die Ausübung eines Handwerks beziehen. Es finden sich auch Befragungen, die zeigen sollen, daß der befragten Person die jeweiligen Kenntnisse abgehen (besonders 3.6 und 4.2, wo die angemaßte politische Führerschaft des Glaukon, Platons älterem Bruder, und eines jüngeren Gefährten namens Euthydemos der Prüfung unterzogen wird; vgl. die ähnlichen Befragungen von Alkibiades in Aischines' *Alkibiades* und dem pseudo-Platonischen *Alkibiades I*).

Zwei Kapitel, 3.9 und 4.6, widmen sich Themen, mit denen wir aus den Platonischen Dialogen vertraut sind. Das erste beginnt mit einer Diskussion darüber, ob Mut eine natürliche Gabe ist oder durch Unterrichtung gelernt wird, eine Variante der Frage, die den *Menon* eröffnet und im *Protagoras* diskutiert wird. Später in diesem Kapitel (Abschnitte 4–5) berichtet Xenophon, Sokrates habe Weisheit zuerst mit Selbstbeherrschung und dann mit Gerechtigkeit und dem Rest der Tugend gleichgesetzt. Auch hierdurch steht das Kapitel in Verbindung mit den Dialogen *Menon* und *Protagoras*, in denen Sokrates die These verteidigt, Tugend sei Wissen. Abschnitt 4.6 behandelt die Definition. Wie in einer Reihe von Platonischen Dialogen bezeichnet Sokrates die Frage „Was ist das-und-das?" als die primäre philosophische Frage. Diese allgemeine These illustriert er an den Beispielen der Frömmigkeit (die im *Euthyphron* diskutiert wird) und des Muts (diskutiert im *Laches*). In Abschnitt 6 formuliert er das „Sokratische Paradox", das uns aus dem *Menon*, dem *Gorgias* und dem *Protagoras* bekannt ist, demzufolge niemand, der weiß, wie er handeln soll, dies nicht tut. In Abschnitt 11 stellt er eine These auf, die eine ähnliche Pointe hat wie das sogenannte Paradox: Diejenigen, die wüßten, wie man richtig mit Gefahren umgeht, seien mutig, und die, die sich hierin täuschten, feige. Für diese These argumentiert Sokrates in *Protagoras* 359–60.

Zusammenfassend können wir sagen, daß – obwohl die Philosophie in den *Memorabilia* im Vergleich zu Frömmigkeit, Moralität und praktischen Ratschlägen nur eine untergeordnete Rolle spielt – die philosophischen Themen und Thesen, die das Werk enthält, sich in deutlich wiedererkennbarer Weise auch in anderen Sokratischen Schriften finden, vor allem in Platons Dialogen. Dies wirft die Frage auf, ob wir Xenophon als eine unabhängige Quelle für diese Elemente der philosophischen Lehre und Methode betrachten sollten. Dadurch würde die Auffassung, der historische Sokrates habe sie wirklich vertreten, bestärkt. Oder sollten wir den Schluß ziehen, daß Xenophons Quellen die anderen Sokratischen

Schriften und vor allem Platons Dialoge waren. Hier müssen wir vorsichtig sein. In Xenophons Schriften finden sich tatsächlich einige Hinweise für eine Abhängigkeit von Platon. *Symposion* 8.32 bezieht sich ziemlich eindeutig auf die Reden von Pausanias und Phaidros in Platons *Symposion*. Weiter ist es zumindest wahrscheinlich, daß eine der vielen anderen Schriften, die Xenophon in *Apologie* 1 erwähnt, Platons *Apologie* ist.[4] In den *Memorabilia* gibt es keinen ähnlich eindeutigen Hinweis auf einen Platon-Bezug. Die Annahme, jede inhaltliche Überschneidung *müsse* durch Xenophons Abhängigkeit von Platon erklärt werden, ist nicht gerechtfertigt. Denn auch ein umgekehrter Einfluß oder eine gemeinsame Quelle, wozu auch die Erinnerung an den historischen Sokrates zu zählen wäre, sind durchaus möglich. (Wir haben sehr wenige Anhaltspunkte, wann genau Platon und Xenophon ihre Werke verfaßt haben.) Allerdings wissen wir, daß Xenophon Athen zwei Jahre vor Sokrates' Tod verlassen hat und für mehr als dreißig Jahre nicht zurückgekehrt ist. Der Großteil seiner Sokratischen Schriften wurde in dieser Zeit des Exils verfaßt, in der jeder persönliche Kontakt mit Athen abgeschnitten war, so daß er andere Sokratische Schriften einschließlich der Dialoge Platons herangezogen haben muß, um sein Gedächtnis aufzufrischen und sein Wissen über Sokrates zu vertiefen. Da die philosophischen Überschneidungen, die oben erwähnt wurden, zumindest alle durch Platons Einfluß erklärt werden *könnten* und wir annehmen müssen, daß Xenophon während seiner Abwesenheit von Athen Platons Schriften zumindest in irgendeiner Weise herangezogen hat, erscheint es am klügsten, die philosophischen Elemente in den *Memorabilia* nicht als unabhängige Zeugnisse zur Philosophie des historischen Sokrates zu betrachten.

Auch gibt es keinen Grund für die Annahme, Xenophons Bild

---

[4] Für Einzelheiten vgl. P. A. Vander Waerdt, „Socratic Justice and Self-Sufficiency: The Story of the Delphic Oracle in Xenophon's *Apology of Socrates*", *Oxford Studies in Ancient Philosophy* 11 (1993), 1–48.

von Sokrates als Person oder seine Darstellung dessen, worum es in den Gesprächen ging, hätten einen größeren Anspruch auf historische Authentizität als die irgendeines anderen Sokratischen Schriftstellers. In einem der Gespräche ist zwar er selbst der Gesprächspartner (1.3.8–15), und in einigen anderen Fällen erwähnt er, er sei anwesend gewesen (z. B. 1.4, 2.4–5, 4.3). In den meisten Fällen ist davon jedoch nicht die Rede, und die Behauptung, dabei gewesen zu sein, kann durchaus Teil der literarischen Konventionen gewesen sein. So erwähnt Xenophon etwa, er sei bei der Abendgesellschaft, die in seinem Dialog *Symposion* (*Symp.* 1.1) dargestellt wird, anwesend gewesen. Als deren Datum wird aber 422 angegeben, ein Jahr, in dem Xenophon höchstens acht Jahre alt war. Einige der Unterredungen sind eindeutig Versionen von Gesprächstypen, die in der Sokratischen Literatur gängig waren, wie etwa Diskussionen mit Sophisten (1.6, 2.1, 4.4) und Befragungen von ehrgeizigen jungen Männern (3.1–6, 4.2–3). Die Darstellung der Sokratischen Gespräche in den *Memorabilia* mag in der Tat teilweise auf Xenophons Erinnerung und den Erinnerungen anderer an tatsächliche Sokratische Unterhaltungen beruhen, doch (a) haben wir keine Möglichkeit, die entsprechenden Abschnitte im Text zu identifizieren, und (b) ist es klar, daß alle derartigen Passagen Teil eines Werks sind, das insgesamt durch sein apologetisches Ziel und die literarischen Konventionen des Sokratischen Genres geprägt ist.

Ich schließe diesen Abschnitt mit einigen Bemerkungen zu einem anderen Autor, der zwar keine Sokratischen Dialoge verfaßt hat, aber als Quelle unabhängiger Informationen über den historischen Sokrates betrachtet worden ist, nämlich Aristoteles. (Aristoteles hat Dialoge verfaßt, die nicht überliefert sind, aber es gibt keinen Hinweis darauf, daß sie in dem Sinn sokratisch gewesen wären, als sie Gespräche des Sokrates dargestellt hätten.) Anders als die bisher behandelten Autoren hat Aristoteles Sokrates selbst nicht gekannt, der fünfzehn Jahre vor seiner Geburt gestorben ist.

Aristoteles kam 367 als siebzehnjähriger Student in Platons Akademie und blieb dort zwanzig Jahre lang, bis zu Platons Tod 347. Es wird angenommen, daß er in dieser Zeit persönlichen Umgang mit Platon hatte. In Aristoteles' Werk finden sich zahlreiche Bezüge auf Sokrates. Oft zeigt der Kontext, daß die Figur des Sokrates aus einem Platonischen Dialog gemeint ist. Ein Beispiel ist *Politik* 1261^a 5–8, wo Aristoteles unter Bezugnahme auf Platons *Politeia* schreibt: „Dort sagt Sokrates, daß Frauen, Kinder und Besitz gemeinsam sein sollten." Teilweise wird jedoch aus dem Kontext deutlich, daß Aristoteles sich auf den historischen Sokrates beziehen will; für diese Passagen muß die Frage gestellt werden, ob seine Darstellung des Sokrates als unabhängig von Platon betrachtet werden kann.

Die entscheidende Stelle ist *Metaphysik* 1078^b 27–32, wo Aristoteles die Vorläufer von Platons Ideenlehre diskutiert:

„Zwei Dinge können mit Recht dem Sokrates zugeschrieben werden, die induktiven Beweise und die allgemeinen Definitionen, denn beide betreffen den Ausgangspunkt der Erkenntnis; Sokrates hat jedoch das Allgemeine und die Definition nicht als abgetrennt betrachtet, aber sie [d. h. Platon und seine Nachfolger] haben das getan, und sie haben sie die Ideen der Dinge genannt."

Nachdem Platon Sokrates in mehreren Dialogen, vor allem dem *Phaidon* und der *Politeia*, die Theorie der abgetrennt existierenden Ideen vertreten und als etwas, das allen Diskussionsteilnehmern bekannt ist, behandeln läßt (*Ph.* 76 d, *Pol.* 507 a–b), kann die Information, daß Sokrates selbst das Allgemeine nicht von den konkreten Dingen, in denen es vorkommt, getrennt hat, nicht aus Aristoteles' Platon-Lektüre stammen. Die Folgerung, daß die Quelle hier die mündliche Überlieferung in der Akademie war, die letztlich auf Platon selbst zurückgeht, ist unumgänglich. Wir müssen weder annehmen, daß Aristoteles persönlich eng mit Platon vertraut war,

der mehr als vierzig Jahre älter als er war (obwohl er sein Lieblings-
schüler gewesen sein soll und ein Gedicht zum Lob Platons verfaßt
hat), noch, daß Sokrates ein vorherrschendes Diskussionsthema in
der Akademie war. Die Annahme, daß einige grundlegende Dinge
über Sokrates' Rolle als Lehrer Platons zum Allgemeinwissen in
der Schule gehörten, ist völlig ausreichend. Es wäre erstaunlich,
wenn dem nicht so gewesen wäre; die Skepsis einiger moderner
Gelehrter in diesem Punkt ist gänzlich unverständlich. Was neben
der Information, daß Sokrates keine abgetrennten Ideen angenommen hat, Teil dieser Überlieferung war, kann unmöglich festgestellt werden. Es erscheint mir plausibel, daß sie neben dieser
negativen Aussage die zwei positiven umfaßte, die Aristoteles erwähnt: daß Sokrates nach allgemeinen Definitionen gesucht hat
und daß er induktive Beweise verwendet hat.

Platon

Sokrates tritt in allen Platonischen Dialogen außer in den *Nomoi*
auf, die nach allgemeinem Konsens als Platons letztes Werk gelten.
Streng genommen sind also alle Platonischen Schriften, mit Ausnahme der *Nomoi*, der *Apologie* (die kein Dialog ist) und den *Brie-
fen* (deren Authentizität strittig ist), Sokratische Dialoge. Die Figur
des Sokrates wird in den einzelnen Dialogen des Korpus jedoch
in wesentlichen Hinsichten unterschiedlich dargestellt. In zwei
Dialogen, die aufgrund von stilistischen Untersuchungen aner-
kanntermaßen späte Werke sind, dem *Sophistes* und dem *Politikos*,
tritt Sokrates nur in einleitenden Gesprächen auf, die dazu dienen,
diese beiden Dialoge miteinander und mit dem *Theaitetos* zu
verbinden. Die Rolle des wichtigsten Gesprächsteilnehmers im
Hauptteil der Dialoge hat ein Fremder aus Elea (d. h. ein Vertreter
der Philosophie des Parmenides). Dasselbe trifft für zwei andere
späte Dialoge zu, den *Timaios* und seinen unvollendeten Folge-
dialog *Kritias*. In beiden Fällen tritt Sokrates kurz im Einleitungs-

gespräch auf; der wichtigste Sprecher ist dann jeweils der, dessen Namen der Dialog trägt. Im *Parmenides* tritt Sokrates, was sonst nie der Fall ist, als sehr junger Mann auf, dessen Rolle wesentlich darin besteht, sich vom alten Parmenides in philosophischer Methode unterrichten zu lassen. Aber auch die Dialoge, in denen Sokrates Gesprächsführer ist, zeigen beträchtliche Unterschiede in dem Bild, das von ihm gezeichnet wird. In einigen Dialogen, vor allem im *Symposion* und in den Werken, die sich mit seinem Gerichtsverfahren und seinem Tod beschäftigen *(Euthyphron, Apologie, Kriton* und *Phaidon)*, in geringerem Ausmaß aber auch im *Charmides*, stehen Ereignisse aus Sokrates' Leben im Vordergrund. Eine Reihe von Dialogen einschließlich der eben genannten enthalten lebhafte Darstellungen von Sokrates' Persönlichkeit und Diskussionen zwischen ihm und anderen, wobei die Sophisten und ihr Umfeld eine wichtige Rolle spielen. Außer den bereits erwähnten Dialogen sind hier *Protagoras, Gorgias, Euthydemos, Menon, Politeia I, Hippias Major, Hippias Minor, Ion, Laches* und *Lysis* zu nennen. In anderen Dialogen dagegen wird Sokrates, obwohl er insofern die Hauptfigur ist, als er das Gespräch leitet, weitaus weniger als eine individuelle Persönlichkeit gezeigt, sondern eher als Repräsentant philosophischer Autorität. Als solcher ist er – bei allen Unterschieden – ersetzbar durch einen anderen wie etwa den Fremden aus Elea (oder vielleicht auch Platon). Von dieser Art scheint mir (wenngleich dies eine Frage ist, in der sich jeder sein eigenes Urteil bilden muß) Sokrates' Rolle in der *Politeia* (mit Ausnahme von Buch I), im *Phaidros, Kratylos, Theaitetos* und *Philebos* zu sein. Wie kann diese Wandelbarkeit in Platons Darstellung von Sokrates erklärt werden, und was bedeutet sie für die Beziehung zwischen dieser Darstellung und dem historischen Sokrates?

Untersuchungen stilistischer Merkmale der Dialoge im neunzehnten Jahrhundert erwiesen unabhängig voneinander sechs Dialoge als die spätesten Werke des Korpus: *Sophistes, Politikos, Philebos, Timaios, Kritias* und *Nomoi*. Diese Einordnung ging von

Ähnlichkeiten mit zahlreichen stilistischen Eigenheiten der *Nomoi* aus, von denen durch antike Quellen bekannt ist, daß sie bei Platons Tod unvollendet waren. Die Untersuchungen kamen darüber hinaus zu dem Ergebnis, eine weitere Gruppe von vier Dialogen, *Parmenides*, *Phaidros*, *Politeia* und *Theaitetos*, entspreche den Spätdialogen stilistisch stärker als andere Dialoge. So entstand die Hypothese, sie würden eine mittlere Gruppe bilden, die vor den späten und nach den anderen Dialogen verfaßt worden sei. Spätere stilistische Untersuchungen haben die Einteilung in drei Gruppen bestätigt, konnten aber keine allgemein anerkannte Reihenfolge innerhalb der einzelnen Gruppen erstellen.[5] Die folgende Diskussion setzt die Ergebnisse dieser Forschungen voraus.

Der für uns bedeutsamste Punkt ist, daß Sokrates in den Spätdialogen mehr oder weniger verschwunden ist; in den *Nomoi* und den wesentlichen Gesprächen aller anderen Spätdialoge außer im *Philebos* ist er abwesend. Im *Philebos* ist seine Rolle ähnlich wie in den mittleren Dialogen, mit Ausnahme des in dieser Hinsicht ungewöhnlichen *Parmenides*, in dem Sokrates als Gesprächspartner von Parmenides auftritt. Im *Philebos*, *Phaidros*, der *Politeia* und im *Theaitetos* hat er zwar die leitende Rolle inne, aber eher als Sprachrohr philosophischer Theorien und Vertreter argumentativer Techniken denn als Individuum im Gespräch mit anderen Individuen. Bei dieser Einordnung der einzelnen Dialoge gibt es natürlich auch graduelle Abstufungen: Es soll weder behauptet werden, die Figur des Sokrates in den mittleren Dialogen habe keine individuellen Züge, noch geleugnet werden, daß einige von diesen ihn mit der Figur der frühen Dialoge verbinden. So geht Sokrates im *Phaidros* barfuß (229a) und wird von seiner göttlichen Stimme davor gewarnt, die Diskussion zu früh abzubrechen (242b–c). Zudem ist auch der Sokrates der frühen Dialoge Repräsentant einer bestimmten Figur, und zwar der des wahren Philosophen. Es ist je-

---

[5] Eine wertvolle Zusammenfassung der Forschungsergebnisse bietet C. H. Kahn, *Plato and the Socratic Dialogue* (Cambridge 1996), Kapitel 2.

doch ziemlich deutlich, daß Platons Interesse an Sokrates' Persönlichkeit als ideale Verkörperung der Philosophie sich während seiner Laufbahn als Autor philosophischer Dialoge verändert. Anfangs steht Sokrates' Persönlichkeit im Vordergrund, dann schwindet ihre Bedeutung schrittweise. Die Figur des Sokrates nimmt die unpersönliche Rolle eines Sprachrohrs für Platons Philosophie an, bis sie schließlich von Figuren wie dem Fremden aus Elea und dem Athener der *Nomoi*, die ganz offen in unpersönlicher Weise präsentiert werden, abgelöst wird. Im folgenden wird es vorwiegend um das Sokratesbild in den frühen Dialogen gehen.

Es muß noch einmal betont werden, daß dieses Bild Teil des literarischen Genres der „Sokratischen Gespräche" ist, so daß die bereits formulierten Warnungen gegen einen naiven Historizismus hier ebenso am Platz sind wie bei den Schriften von Xenophon und den anderen Sokratikern. Anders als Xenophon behauptet Platon an keiner Stelle, bei einem der Gespräche, die er aufgeschrieben hat, anwesend gewesen zu sein. Er deutet an, bei Sokrates' Gerichtsverhandlung gewesen zu sein (*Apol.* 34a, 38b), was meiner Auffassung nach der Wahrheit entspricht; wir haben jedoch bereits gesehen, daß dies keine Begründung für die Annahme sein kann, die *Apologie* als eine Abschrift von Sokrates' tatsächlichen Reden zu betrachten. Bezüglich einer wichtigen Gelegenheit erwähnt er ausdrücklich, nicht anwesend gewesen zu sein; zu Beginn des *Phaidon* nennt Phaidon dem Echekrates die Namen derer, die während seiner letzten Tage bei Sokrates waren, und fügt hinzu, „ich glaube, Platon war krank" (59b). Diese Bemerkung bewirkt eine Distanzierung Platons von der Erzählung; der Augenzeuge ist nicht der Autor selbst, sondern Phaidon, eine seiner Figuren, so daß die Berichte dieses Augenzeugen als Teil der dramatischen Gestaltung zu deuten sind. Die Inhalte des Berichts, wie zum Beispiel, daß Sokrates, ausgehend von der Ideenlehre und der Theorie der Wiedererinnerung, für die Unsterblichkeit der Seele argumentiert habe, sind somit Teil der dramatischen Fiktion. Ich tendiere zu der Ansicht, daß Platons Behauptung, in den letz-

ten Stunden des Sokrates nicht bei ihm gewesen zu sein, ebenso-
sehr eine Sache der literarischen Form ist wie Xenophons Behauptungen, bei Gesprächen des Sokrates anwesend gewesen zu sein,
und daß Platon aller Wahrscheinlichkeit nach in Wirklichkeit anwesend war.

In einigen Fällen *(Charmides, Protagoras)* wird das Gespräch im
Dialog auf die Zeit vor Platons Geburt datiert, und in anderen
schließt die Inszenierung des Gesprächs seine Anwesenheit aus
(Euthyphron, Kriton, Symposion). Zumeist beanspruchen die Dialoge nicht, Gespräche wiederzugeben, die tatsächlich stattgefun-
den haben. Wo dieser Anspruch erhoben wird, wie etwa im *Symposion* (172 a–174 a), ist er selbst Teil einer komplexen literarischen
Form, durch die der Erzähler erklärt, wie er ein Gespräch, bei dem
er selbst nicht anwesend war, beschreiben kann. Entscheidend ist,
daß für Platons apologetische und philosophische Zwecke die
historische Wahrheit beinahe irrelevant war. So liegt zum Beispiel
in den Dialogen, in denen Sokrates mit Sophisten zusammentrifft,
die entscheidende Pointe darin, den Kontrast zwischen seiner ge-
nuinen Art des Philosophierens und ihrem Gegenbild herauszu-
arbeiten und so zu zeigen, wie ungerecht die Verleumdung war, die
zu seinem Tod führte, indem sie ihn mit den Sophisten in Verbindung brachte. Für diesen Zweck war es völlig unbedeutend, ob
Sokrates jemals wirklich mit Protagoras oder Thrasymachos zu-
sammentraf und ob dann, wenn dies so war, die Gespräche wirklich so verliefen, wie sie im *Protagoras* und in *Politeia I* gezeigt werden. Wie bei Xenophon ist es auch bei Platon möglich, daß die
Erinnerung an Sokrates teilweise in den Text eingeht; wir können
jedoch nicht sagen, wo dies der Fall ist, und es ist auch nicht von
Bedeutung.

Bisher haben wir all die Dialoge als eine Gruppe betrachtet, die
nach den stilistischen Kriterien früher zu datieren sind als die
mittleren Dialoge *(Parmenides, Phaidros, Politeia* und *Theaitetos)*.
Weitere Differenzierungen innerhalb dieser Gruppe müssen aufgrund von anderen Kriterien vorgenommen werden. Hier ist der

Bericht bei Aristoteles entscheidend. Akzeptiert man seine Behauptung, Sokrates habe die Ideen nicht von den Dingen abgetrennt, als historisch zutreffend, so lassen sich die frühen Dialoge, in denen Sokrates die Ideenlehre vertritt – *Phaidon*, *Symposion* und *Kratylos* – als Dialoge aufweisen, in denen der Sokrates des Dialogs zumindest in dieser Hinsicht nicht der historische Sokrates ist. Dieses Ergebnis kann nun durch einige zumindest einigermaßen plausible Annahmen darüber, wie Platons philosophische Entwicklung wahrscheinlich verlaufen ist, ergänzt werden.

Die Zuschreibung der Ideenlehre kann berechtigterweise als ein Stadium in der schrittweisen Transformation der Figur des Sokrates in eine Gestalt gesehen werden, die mit größerer Entschiedenheit und in direkterer Weise für Platon spricht als der Sokrates der früheren Schriften. Dies wird auch durch einige andere Elemente dieser Dialoge deutlich. Im *Symposion* wird Sokrates' Persönlichkeit und Individualität stark in den Vordergrund gestellt: Das fängt damit an, daß er sich für die Abendgesellschaft ungewöhnlich viel Mühe mit seinem Aussehen gegeben hat (174a) und verspätet ankommt, weil er auf dem Weg stehenbleiben mußte, um über ein Problem nachzudenken (174d–175b, eine Miniatur-Version des Trancezustands bei Poteidaia, der später im Dialog erwähnt wird [220c–d]), und es reicht bis zu Alkibiades' Lobrede als Höhepunkt, die den Dialog direkt in die Tradition der Sokratischen „Alkibiades-Dialoge" stellt.

Doch Sokrates hat im Dialog noch eine andere Rolle, und zwar als Sprecher der weisen Diotima, deren Rede er vorträgt und von der die Darstellung der Liebe als Form der Bildung stammt, die in der Einsicht in die Idee des Schönen kulminiert (201d–212c). Streng genommen vertritt also nicht Sokrates selbst die Theorie, sondern spricht im Namen von jemand anders. Nach meiner Auffassung verwendet Platon dieses Mittel, um die Ablösung vom historischen Sokrates und dem Sokrates in der Tradition des Sokratischen Genres (die nicht explizit voneinander getrennt werden) hin zur Entwicklung einer Figur, die wir als Platonischen Sokrates bezeichnen können, zu markieren. Der Sokrates, der mit den Worten der Diotima spricht, befindet sich gewissermaßen in einem Zwischenstadium zwischen dem frühen Sokrates und dem des *Phaidon* und der *Politeia*, der dann die Ideenlehre als seine eigene Theorie vertritt. Mit Bezug auf den *Phaidon* haben wir gesehen, daß die Art und Weise, wie Sokrates' Tod dort gezeigt wird, nicht seinem wirklichen Tod entspricht, und es wurde die These vertreten, Platon habe andeuten wollen, daß die Erzählung nicht das wiedergibt, was Sokrates wirklich gesagt hat. Ein anderer Hinweis in diese Richtung ist der Mythos vom Schicksal der Seele nach dem Tod am Ende des Dialogs, wo Sokrates nicht für sich selbst spricht, sondern seine Erzählung mit den Worten beginnt: „es wird aber folgendes gesagt" (107 d). Der Inhalt des *Kratylos*, vor allem die Auseinandersetzung mit linguistischen Fragen nach der Bedeutung von Heraklitischen Theorien der Veränderung, stellt eine eindeutige Verbindung zu den Dialogen *Theaitetos* und *Sophistes* dar, als deren Vorspiel er betrachtet werden kann.

Neben der Ideenlehre können zwei andere Theorien mit guten Gründen Platon zugeschrieben werden. Erstens die Theorie der dreigeteilten Seele, die erst in den mittleren Dialogen *Politeia* und *Phaidros* auftaucht, und zweitens die Theorie der Wiedererinnerung (Anamnesis), die in überzeugender Weise mit Pythagoreischen Einflüssen während Platons erster Reise nach Sizilien 387 in Zusammenhang gebracht wird. Sie ist eng mit der Ideenlehre verwoben, was explizit im *Phaidon* und im *Phaidros* und implizit im *Menon* deutlich wird. Auch die Theorie der Wiedergeburt, das zentrale Thema der großen Unsterblichkeitsmythen am Ende von *Phaidon* und *Politeia*, ist eng mit der Theorie der Wiedererinnerung verbunden; sie wird im Mythos des *Gorgias* angedeutet (obwohl nicht besonders betont), steht im Zentrum des Mythos im *Phaidros* und kommt in einigen Argumenten im *Menon* und *Phaidon* vor. Mein Vorschlag lautet, daß der Sokrates, der diese Theorien vertritt, in einem ständig wachsenden Maß eine Figur ist, durch die Platon mit seinen eigenen Worten spricht und sich dabei der Stimme des Sokrates bedient.

So bleibt uns eine Gruppe von stilistisch frühen Dialogen, in denen Sokrates keine der erwähnten Theorien (Ideenlehre, Lehre von der dreigeteilten Seele, Theorie der Wiedererinnerung, Lehre von der Wiedergeburt) vertritt. Wenn man die beiden Dialoge namens *Alkibiades* wegläßt, die vermutlich nicht echt sind, und den *Menexenos*, weil dieser im Kern nicht ein Sokratisches Gespräch, sondern die Parodie einer Begräbnisrede darstellt, gelangt man zu folgenden Dialogen: *Apologie, Euthyphron, Kriton, Charmides, Laches, Lysis, Ion, Euthydemos, Protagoras* und die beiden Dialoge, die nach *Hippias* benannt sind (wobei hier die Echtheit des *Hippias Major* strittig ist). *Gorgias* und *Menon* als Dialoge, die vermutlich einen Übergang markieren und Züge haben, die sie sowohl mit den frühen wie mit den mittleren „Platonischen" Dialogen verbinden, können dieser Liste hinzugefügt werden. Damit soll nicht gesagt werden, der Sokrates dieser Dialoge *sei* der historische Sokrates. Platon hat wie jeder andere Sokratische Schriftsteller von Anfang an Ziele, für die die historische Wahrheit nur nebensächlich ist. Bei Platon bestehen diese Ziele in Sokrates' Verteidigung und der Darstellung Sokratischen Argumentierens als Musterbeispiel des Philosophierens. Die genannten Dialoge zeichnen jedoch ein Bild von Sokrates, das sowohl psychologisch als auch im Hinblick auf die philosophischen Inhalte weitgehend in sich stimmig ist. Zudem ist dieses Bild in folgenden Hinsichten näher an der historischen Wahrheit: Erstens entspricht die Art der Diskussion, wie sie hier gezeigt wird, den Gesprächen, die Sokrates tatsächlich geführt hat, wahrscheinlich mehr als die stärker begriffliche Argumentation etwa im *Theaitetos*, und zweitens ist der Sokrates dieser Dialoge weniger mit Platonischen Lehren befrachtet.

Eine scharfe Trennungslinie zwischen dem historischen Sokrates und dem „Platonischen Sokrates" kann in der Interpretation von Platons Sokrates-Bild nicht gezogen werden. Der Platonische Sokrates ist schlicht der Sokrates, den Platon in seinen Schriften auftreten läßt. Diese Darstellung verändert sich, wie ich zu zeigen versucht habe, in einer nachvollziehbaren Weise vom Porträt einer höchst individuellen Persönlichkeit, die mit einer im höchsten Maße charakteristischen Art der philosophischen Aktivität befaßt ist, bis zu dem Punkt, an dem gewissermaßen nur noch eine Platz-halter-Figur, die Platons Ansichten vertritt, mit dem Etikett „So-krates" versehen wird. Das früheste Stadium dieses Prozesses be-steht, obwohl es der historischen Wahrheit näher ist, nie in ihrer einfachen Wiedergabe, und der Übergang zu einem „Platonische-ren" Stadium verläuft graduell.

Das nächste Kapitel untersucht den Gehalt dieser frühen Dar-stellung des Sokrates. Zwei Voraussetzungen dieser Diskussion sol-len explizit genannt werden. Zwar ist die kritische Befragung der Ansichten anderer Sokrates' wichtigste Methode der Untersuchung; das Ziel dieser Methode besteht jedoch zumindest an manchen Stellen darin, Argumente für bestimmte Thesen zu entwickeln, die Sokrates vertritt, und nicht allein darin, Widersprüchlichkeiten in den Überzeugungen der Gesprächspartner aufzuzeigen.[6] Die zweite Voraussetzung lautet, daß die Dialoge nicht isoliert von-einander gelesen werden sollten. Einige zeitgenössische Gelehrte schlagen in Anlehnung an die Sicht, die im 19. Jahrhundert von Grote vertreten wurde, vor, daß keine höhere Übereinstimmung der philosophischen Lehren und keine größere Gemeinsamkeit der diskutierten Themen zwischen den Platonischen Dialogen erwartet werden sollte als etwa im Korpus eines Dramatikers wie Sophokles. Dagegen vertrete ich die Ansicht, daß Platon Sokrates durchweg als einen Philosophen zeigt, der auf der Suche nach Wahrheit und Einsicht ist, und daß die einzelnen Werke, aus denen dieses Porträt besteht, zusammengenommen ein brauchbares Bild seiner philosophischen Betätigung bieten. Damit soll natürlich nicht geleugnet werden, daß Sokrates' Ansichten sich in Platons

---

[6] Diese allgemeine These vertrete ich in *Plato*, Protagoras (2. Aufl., Oxford 1991), xiv–xvi, und – bezogen auf einzelne Beispiele – ausführlicher in Kapitel 4 dieses Buches.

Darstellung ändern können oder daß sich sein Porträt von Sokrates im Laufe der Entwicklung seiner eigenen philosophischen Position wandelt (einige solche Veränderungen werden im nächsten Kapitel diskutiert). Meine These lautet nur, daß Platon Sokrates als jemanden zeigt, der eine weitgehend in sich stimmige Position zu formulieren versucht; daraus folgt, daß die Veränderungen und Entwicklungen in der Art, wie Platon Sokrates darstellt, vor diesem Hintergrund gesehen und erklärt werden müssen.

4. Platons Sokrates

Wie am Ende des letzten Kapitels bereits angedeutet, werden wir das Porträt von Sokrates' Lehren und Argumentationsmethoden in zwölf Dialogen sowie in der *Apologie* untersuchen. Die folgenden Punkte sind allen oder den meisten dieser Dialoge gemeinsam.

(i) Charakterisierung des Sokrates

Sokrates wird primär nicht als ein Lehrer, sondern als ein Suchender charakterisiert. Er streitet jede Weisheit ab und sucht, zumeist vergebens, bei seinen Gesprächspartnern Antworten auf schwierige Fragen. Dabei verwendet er die Methode der Elenktik, d. h. er unternimmt eine kritische Prüfung ihrer Überzeugungen. In einigen Dialogen, insbesondere dem *Protagoras* und dem *Gorgias*, weicht die fragende Einstellung einem bestimmteren Ton.

(ii) Definition

In vielen der Dialoge geht es um den Versuch, eine Tugend oder einen anderen für die Ethik bedeutsamen Begriff zu definieren. Die Frage des *Euthyphron* ist „Was ist Heiligkeit bzw. Frömmigkeit?", die des *Charmides* „Was ist Besonnenheit?", die des *Laches* „Was ist Tapferkeit?", die des *Hippias Major* „Was ist das Schöne?" Im *Menon* geht es explizit und im *Protagoras* implizit um die allgemeine Frage „Was ist Tugend bzw. Vortrefflichkeit?" In all diesen Dialogen wird am Ende der Diskussion festgestellt, daß die Suche mißlungen ist; Sokrates und seine Gesprächspartner erkennen an, daß es ihnen nicht gelungen ist, die Antwort auf die zentrale Frage des Dialogs zu finden. In einigen Fällen finden sich im Text Hinweise darauf, worin die richtige Antwort bestehen würde.

(iii) Ethik

In allen genannten Dialogen geht es in einem weiten Sinn um Ethik, und zwar insofern es um die Frage geht, wie man leben sollte. In vielen Dialogen wird eine Definition gesucht. Daneben geht es im *Kriton* um ein praktisches ethisches Problem (sollte Sokrates nach seiner Verurteilung versuchen, aus dem Gefängnis zu fliehen?), und im *Gorgias* und im *Euthydemos* wird untersucht, was die Ziele im Leben sein sollten. Die einzige scheinbare Ausnahme ist der *Ion*, wo die Behauptung eines professionellen Gedichtrezitators untersucht wird, im Besitz von Weisheit zu sein. Doch auch diese Diskussion ist eng mit dem allgemeinen ethischen Interesse der Dialoge verbunden. Die Widerlegung von Ions Inanspruchnahme von Weisheit impliziert, daß sowohl die Dichter wie auch die Vortragenden von einer irrationalen Inspiration, nicht von Weisheit, geleitet werden. Daraus folgt, daß die Dichtung keinen Anspruch auf die zentrale Rolle in der Erziehung hat, die die griechische Tradition ihr zuschreibt. Dieser kleine Dialog sollte als ein früher Essay zu einem Thema betrachtet werden, das in Platons Schriften eine wichtige Rolle spielt – die Ziele der Erziehung und die nötigen Qualifikationen des Erziehers.

(iv) Die Sophisten

In einer Reihe von Dialogen – *Hippias I* und *II*, *Protagoras*, *Gorgias*, *Euthydemos* und *Menon* – wird die Begegnung zwischen Sokrates auf der einen Seite und verschiedenen Sophisten und/oder ihren Schülern und Gefährten auf der anderen Seite behandelt. In diesen Dialogen wird das apologetische Projekt, das in der *Apologie* formuliert wird, weitergeführt.

Die genannten Themen sollen nun im Detail untersucht werden.

Sokrates' Abstreiten jeder Weisheit

Daß Sokrates leugnete, irgendein Wissen zu besitzen, außer dem Wissen, daß er kein Wissen besitze, wurde in der Antike zu einem Schlagwort. Diese paradoxe Formulierung ist jedoch eindeutig eine Fehlinterpretation der Platonischen Texte. Obwohl Sokrates oft sagt, er kenne die Antwort auf die Frage, die gerade diskutiert wird, nicht, sagt er nie, er wisse überhaupt nichts. In der Tat nimmt er manchmal in emphatischer Weise Wissen in Anspruch, was am deutlichsten in der *Apologie* ist, wo er zweimal zu wissen behauptet, daß das Aufgeben seiner göttlichen Mission schlecht und schändlich wäre (29b, 37b). Was er leugnet, ist der Besitz von Weisheit (*Apol.* 21b), und in der Folge bestreitet er, andere zu erziehen, wobei er Erziehung offenkundig als das Weitergeben von Weisheit oder Bildung versteht (19d–20c). Angesichts seiner Aussagen in der *Apologie*, nach denen allein der Gott wahrhaft weise ist und menschliche Weisheit im Vergleich mit dieser wahren Weisheit nichts ist (23a–b), könnte das Abstreiten von Weisheit einfach als ein Hinnehmen menschlicher Beschränkungen gedeutet werden. Im Besitz von Weisheit zu sein, würde dann heißen, ein vollständiges und gänzlich klares Wissen von allem zu haben, was ein göttliches Vorrecht ist. Weder Sokrates noch irgend jemand anders kann hierauf hoffen; indem Sokrates es für seine Person abstreitet, stellt er sich einfach einer menschlichen Arroganz entgegen, die durch ihre nahezu universale Verbreitung nicht weniger blasphemisch ist.

Doch obwohl die Abwertung menschlicher Weisheit als solcher tatsächlich ein Element der *Apologie* ist, setzt Sokrates, wenn er den Besitz von Weisheit und in der Folge die Unterrichtung anderer abstreitet, seine eigene Verfassung nicht der göttlichen Weisheit entgegen, sondern dem Fall der menschlichen Weisheit, der für ihn beispielhaft ist. Dieses Paradigma wird von Handwerkern wie Bauarbeitern und Schuhmachern erfüllt, die, so Sokrates (22 d–e), Weisheit in dem Sinn besitzen, als sie ihr Handwerk beherrschen, wenngleich sie sich täuschen, wenn sie denken, ihre speziellen Kenntnisse könnten auch auf Dinge außerhalb ihres Handwerks angewandt werden. Diese Art des Expertentums besteht in einem strukturierten Wissen, das systematisch erworben und anderen mitgeteilt wird. Durch sein Wissen kann der Experte in verläßlicher Weise die praktischen Probleme lösen, die sich in seinem Fach stellen, und diese Lösungen begründen. Die Sophisten behaupteten, eine derartige Fachkompetenz für einen umfassenden Erfolg im gesellschaftlichen und privaten Leben zu besitzen und andere in ihr – der „politischen Kunst" *(politikē technē)* – zu unterrichten (*Prot.* 319a, *Apol.* 19d–20c). Wenn Sokrates diese Ansprüche für seine Person zurückweist, dann nicht, weil ein solches Expertentum für Menschen unerreichbar wäre, sondern weil die sophistische Betätigung die gebräuchlichen Standards für ein echtes Expertentum nicht erfüllt, da sie z. B. nicht systematisch erlernt und gelehrt werden könne (*Prot.* 319d–320b, *Menon* 89c–94e). Er streitet ab, dieses Expertentum selbst zu besitzen (*Apol.* 20c), ohne aber zu sagen, es sei unmöglich, daß er oder ein anderer es besitzen könnte.

Es gibt somit keinen Grund für die Annahme, Sokrates' Abstreiten von Weisheit sei ein Fall der sogenannten „Sokratischen Ironie", womit ein aus dialektischen Motiven vorgegebenes Unwissen gemeint ist. Sokrates nimmt in der Tat oft die Rolle dessen an, der das vermeintlich überlegene Wissen seines Gesprächspartners bewundert (z. B. *Euthyph.* 5a–b, wo er sagt, er müsse sich von Euthyphron darüber belehren lassen, wie er sich gegen Meletos' Anschuldigungen verteidigen könne), doch der Leser soll hiervon sicherlich nicht getäuscht werden. Ganz im Gegenteil dienen diese Bemerkungen dazu, auf den besonders strittigen Charakter dessen, was der Gesprächspartner gesagt hat, oder auf die Zweifelhaftigkeit seines Anspruchs auf Autorität zu verweisen. Der Kontext der *Apologie* schließt jedoch eine derartige dialektische Funktion des Abstreitens von Weisheit aus. Sokrates gibt hier nicht vor, sich einer vermeintlichen, in Wahrheit gar nicht vorhandenen, intellektuellen Autorität zu fügen. Er mißt seine eigene epistemische Verfassung (d. h. seinen Zustand in Bezug auf Wissen und Nicht-Wissen) in voller Ernsthaftigkeit an dem geeigneten Paradigma und stellt fest, daß sie ihm nicht entspricht.

Wenn das Abstreiten von Wissen tatsächlich ein Abstreiten von Weisheit bzw. Expertentum ist, wird deutlich, wie es mit den Fällen vereinbar ist, in denen Sokrates Wissen für sich in Anspruch nimmt. Der Laie kann einige Einzelheiten wissen, aber er weiß sie nicht in der Art, wie der Fachmann sie weiß; die einzelnen Dinge, die er weiß, sind nicht Teil eines umfassenden Netzes von Wissen, das es dem Fachmann ermöglicht, zu erklären, warum sie wahr sind, indem er sie auf andere Bestandteile oder die Struktur als ganze bezieht. Wie aber kann der Laie diese Einzelheiten wissen? Normalerweise, indem er sie direkt oder indirekt von einem Fachmann gehört hat. Sokrates aber findet keine Fachleute, zumindest keine menschlichen, in Fragen der Moral. Wie aber weiß er dann z. B., daß er seine philosophische Mission um keinen Preis aufgeben darf? Eine mögliche Antwort auf diese Frage ist, daß sein Gott, der ein Experte für Moral ist, es ihm gesagt hat. Doch ungeachtet der Fragen (die im *Euthyphron* aufgeworfen werden), wie er wissen könnte, daß der Gott ein Experte in Fragen der Moral sei, ist festzuhalten, daß diese Antwort weder in der *Apologie* noch an einer anderen Stelle gegeben oder auch nur angedeutet wird.

Man könnte versuchen, das Problem durch den Vorschlag zu lösen, Sokrates beanspruche in diesen Fällen gar kein Wissen, sondern bringe nur seine Meinungen zum Ausdruck. Doch Platon läßt ihn *sagen*, daß er das-und-das weiß; warum sollten wir aber annehmen, daß Platon ihn nicht als jemand zeigt, der meint, was er sagt? Wie wir gesehen haben, erkennt Sokrates ein ideales epistemisches Paradigma an, dem er nicht entspricht, und nimmt doch in einzelnen Fällen Wissen in Anspruch. Der genannte Vorschlag läuft darauf hinaus, daß nur bei Erfüllung des Ideals Wissen vorliegt, während der epistemisch schlechtere Zustand, in dem Sokrates ist, als Zustand der Meinung abzuwerten ist. Die Unterscheidung zwischen epistemischen Zuständen, die dem Paradigma genügen, und solchen, die das nicht tun, kann jedoch auch aufrechterhalten werden, ohne daß letzteren der Rang des Wissens abgesprochen wird, indem man zwischen dem integrierten Wissen des Fachmanns und dem fragmentarischen Wissen des Laien unterscheidet. (Wenn wir wollen, könnten wir von ersterem als Wissen „im strengen Sinn" und letzterem als Wissen „für den Alltagsgebrauch" sprechen. Platon verwendet keine derartigen Bezeichnungen, doch die grundlegende Unterscheidung ist dieselbe.) Wir stehen also immer noch vor der Frage, wie Sokrates, ein selbstproklamierter Laie in Fragen der Moral, die einzelnen moralischen Wahrheiten wissen kann, deren Wissen er in Anspruch nimmt.

Die einfachste, wenn auch vielleicht enttäuschende Antwort auf diese Fragen lautet, daß Sokrates nicht sagt, wie er diese Wahrheiten wisse. Der Blick auf seinen Argumentationsstil kann uns hier möglicherweise Hinweise geben. Oft scheinen seine Argumente nur aufzeigen zu sollen, daß sein Gesprächspartner in irgendeiner Sache, in der er Wissen vorgibt, in sich widersprüchliche Überzeugungen hat, d. h., Sokrates unterminiert den Anspruch auf Wissen. So beschreibt Sokrates selbst in der *Apologie* seine Tätigkeit. Doch zumindest an manchen Stellen geht er eindeutig davon aus, daß die Untersuchung dieser Überzeugungen nicht nur ihre innere Widersprüchlichkeit aufdecken wird, sondern auch die Falschheit einer bestimmten Überzeugung. Ein besonders klares Beispiel ist die These von Polos und Kallikles im *Gorgias*, es sei besser, Schlechtes zu tun als es zu erleiden. Sokrates behauptet (479 e), die kritischen Argumente, durch die er Polos zu der gegenteiligen These gebracht hat, es sei schlimmer, Schlechtes zu tun als es zu erleiden, hätten gezeigt, daß letztere wahr sei. Noch emphatischer sagt er am Ende der Diskussion mit Kallikles (508e–509a), diese Schlußfolgerung sei „festgesetzt mit eisernen und stählernen Argumenten" (d. h. mit Argumenten von unwiderstehlicher Kraft). Und doch ist diese so starke Behauptung mit einem Bestreiten von Wissen verbunden: „Denn ich bleibe immer bei derselben Aussage, daß ich zwar nicht weiß, wie sich diese Dinge verhalten, daß aber, wie auch jetzt, keiner von denen, die ich getroffen habe, etwas anderes behaupten konnte, ohne sich dabei lächerlich zu machen."

Hier sind wir mit dem Kontrast zwischen Expertenwissen, das Sokrates für sich bestreitet, und einer vorteilhaften epistemischen Lage konfrontiert, die aus der wiederholten Anwendung der Elenktik entsteht. Es gibt einige Thesen, von denen sich durch wiederholte Experimente zeigt, daß niemand sie ohne Selbstwiderspruch leugnen kann. Die Akzeptanz dieser Thesen ist immer und in prinzipieller Weise provisorisch, da immer die theoretische Möglichkeit besteht, daß jemand ein neues Argument vorbringt, das den „eisernen und stählernen Argumenten" entkommen kann, wie Sokrates einräumt (509 a 2–4). Aber Sokrates geht ganz eindeutig davon aus, daß diese Argumente auf so fest verankerten Prinzipien beruhen, daß es realistischerweise keine praktische Möglichkeit gibt, sie zu leugnen. Könnten die Wahrheiten, die Sokrates in laienhafter Weise kennt, Wahrheiten sein, die er auf diese Art elenktisch erwiesen hat? Obwohl dies ein attraktiver Vorschlag ist, müssen wir eingestehen, daß er einer klaren textlichen Grundlage entbehrt. Im *Kriton* (49 a) heißt es von dem grundlegenden Satz, man dürfe nie ungerecht handeln, Sokrates und Kriton hätten bezüglich dieser These oft übereingestimmt; diese Übereinstimmung soll Grundlage ihrer Überlegungen dazu sein, ob ein Fluchtversuch des Sokrates aus dem Gefängnis richtig wäre. Damit wird offenkundig impliziert, daß die Übereinstimmung auf Gründen beruhte, die immer noch Gültigkeit haben; warum sonst sollten Sokrates und Kriton nicht einfach ihre Ansichten ändern? Es gibt jedoch keinen Hinweis darauf, daß diese Gründe aus elenktischen Prüfungen von Sokrates' und Kritons Überzeugungen hervorgehen.

Obwohl Sokrates die elenktische Prüfung der Meinungen seines Gesprächspartners als etwas behandelt, das Wahrheit ans Licht bringt, und obwohl das Erlangen von Wahrheit auf diesem Weg ein Modell des laienhaften Wissens abgibt, muß unsere Schlußfolgerung sein, daß wir Sokrates nicht die Behauptung zuschreiben können, alles nicht-fachmännische moralische Wissen werde durch diese Methode erlangt. Sokrates deutet an, daß er einige moralische Wahrheiten aufgrund guter Argumente kennt, aber er bietet keine allgemeine Theorie des nicht-fachmännischen moralischen Wissens.

Im *Gorgias* finden sich die klarsten Fälle dafür, daß die Elenktik als etwas betrachtet wird, das zur Entdeckung der Wahrheit führt. Es ist wahrscheinlich kein Zufall, daß Sokrates im selben Dialog seine Haltung als nicht-fachmännischer Befrager aufgibt und Fachkenntnisse für sich in Anspruch nimmt. Ein Thema des Dialogs ist die Rolle der Rhetorik in der Erziehung, d. h. in der Beförderung des guten Lebens. Sokrates unternimmt eine Zuordnung der wahren Künste, die mit dem Wohl der Seele und des Körpers befaßt sind, und der ihnen jeweils korrespondierenden Gegenstücke (463a–465a). Der übergeordnete Begriff für die Kunst, die mit dem befaßt ist, was gut für die Seele ist, ist *politikē*, die Kunst des Lebens; sie wird unterteilt in die Gesetzgebung, die das Wohl der Seele fördert (so wie Gymnastik gut für den Körper ist), und Gerechtigkeit, die es bewahrt (so wie die Medizin das Wohl des Körpers erhält). Rhetorik ist das schlechte Imitat der *politikē*, da das Ziel des Redners nicht darin besteht, das Wohl der Menschen zu fördern. Vielmehr dient die Rhetorik der Befriedigung der eigenen Wünsche, d. h., die Kraft der Überredung verhilft den Menschen dazu, das zu bekommen, was sie wollen. So fördert sie nicht das wahrhaft gute Leben, sondern ein falsches Bild von diesem; auf ähnliche Weise ist die Kosmetik die Kunst, Leute nicht wirklich gesund zu machen, sondern sie gesund aussehen zu lassen (465c). Die Kunst der *politikē* ist somit ein echtes Expertentum, und in auffälligem Kontrast zur *Apologie* sehen wir nicht nur, daß Sokrates behauptet, sie zu praktizieren, sondern auch, daß niemand anders dies täte (521d), da er allein sich um das Wohl seiner Mitbürger kümmert.

64

Diese Vorstellung von Sokrates als dem einzigen wahren Vertreter der *politikē* kehrt in einem Bild am Ende des *Menon* wieder (99 e–100 a). Sokrates faßt hier seine Argumentation zusammen und kommt zu der These, Tugend sei nicht lehrbar, sondern werde als eine göttliche Gabe ohne eigene Einsicht erworben, „außer es gäbe einen unter den *politikoi*, der fähig wäre, jemand anderen *politikos* zu machen" (d. h., außer es gäbe jemand, der sein Expertentum in der Kunst des guten Lebens einem anderen vermitteln könnte, wozu sich konventionelle Politiker als unfähig erwiesen haben). Er fährt fort, so jemand wäre wie Homers Beschreibung von Tiresias in der Unterwelt *(Odyssee)*: „Er allein von denen im Hades ist lebendig, und die anderen flattern herum wie Schatten." Diese Bezugnahme auf Odysseus' Besuch in der Unterwelt in *Odyssee* 11 greift die Beschreibung von Sokrates' Treffen mit den Sophisten im *Protagoras* auf, wo Sokrates diese Worte aus der *Odyssee* im Zusammenhang mit den Sophisten zitiert (315 b–c) und so sich selbst die Rolle des Lebenden, den Sophisten die der Schatten (d. h. Geister) gibt. Er ist also der wahre Experte in der Kunst des guten Lebens, „der wahren Sache in bezug auf die Tugend, verglichen mit Schatten" (*Men.* 100 a). Er ist derjenige, der (im *Menon* und im *Protagoras*) eine positive Vorstellung von der Natur der Tugend hat und (im *Menon*) über eine neue Methode verfügt, diese Vorstellung anderen zu vermitteln. Gemeint ist die Methode der Wiedererinnerung, in der Wissen, das die Seele von Ewigkeit her besessen hat, aber im Prozeß der Wiedergeburt vergessen hat, auf dem Weg der kritischen Befragung erneut zum Leben erweckt wird.

Das bestimmtere Auftreten der Sokrates-Figur ist ein Merkmal der Dialoge, die wir als Übergangswerke zwischen den frühen „Sokratischen" Dialogen und den Dialogen der mittleren Periode Platons bezeichnet haben. Die Art, wie Sokrates hier auftritt, ist Teil der schrittweisen Metamorphose der Figur des Sokrates zu einem Stellvertreter Platons, die wir oben beschrieben haben.

Definition

Sokrates' Interesse an Definitionen entsteht aus seiner Suche nach Expertenwissen. Der Experte bzw. die Expertin kennt sich in seinem oder ihrem Gebiet aus, und nach Sokrates ist das grundlegende Wissen in jedem Gebiet das Wissen darüber, was sein Gegenstand ist. Die Verbindung zwischen Definition und Expertenwissen bzw. Fachkompetenz wird in *Hippias Major* (286c–d) deutlich, wo Sokrates Hippias erzählt, wie er einmal, als er einige Dinge als vortrefflich gelobt und andere als schändlich verdammt hat, in grober Weise von jemandem zur Rede gestellt wurde, der folgendes fragte: „Woher weißt du denn, was vortrefflich ist und was schlecht? Denn sprich, könntest du mir sagen, was das Vortreffliche ist?" Unfähig, auf diese Frage zu antworten, wendet er sich an Hippias, dessen umfassendes Expertenwissen als einen „kleinen und unwichtigen Teil" das Wissen enthält, was das Vortreffliche ist; wenn Hippias nicht in der Lage sei, die Frage zu beantworten, sei seine Tätigkeit „wertlos und laienhaft" (286e).

Der grundlegende Charakter der „Was ist das-und-das?"-Frage wird in einer Reihe von Dialogen betont. Das übliche Argumentationsmuster besteht darin, daß eine spezifische Frage zu einer Sache, die der eigentliche Ausgangspunkt der Diskussion ist, z. B. wie man Tugend erwerben könne, in Ermangelung einer gemeinsamen Ansicht dazu, was diese Sache – in diesem Fall die Tugend – ist, problematisch wird. Obwohl die spezifische Frage psychologisch primär ist, da bei ihr die Untersuchung ansetzt, ist die „Was ist X?"-Frage in dem Sinn primär, als es unmöglich ist, die erste Frage zu beantworten, wenn man nicht vorher die zweite beantwortet hat, aber nicht umgekehrt. Die Frage, die sich als problematisch erweist, kann unterschiedlich lauten. Im *Laches* (189d–190d) geht es darum, wie eine bestimmte Tugend, der Mut, jemandem beigebracht werden könne, während im *Menon* (70a–71b) und im *Protagoras* (329a–d, 360e–361a) die Verallgemeinerung dieser Frage bezogen auf die Tugend als ganze behandelt wird. In

Politeia I (354b–c) wird gefragt, ob Gerechtigkeit dem nutzt, der sie besitzt. Im *Euthyphron* (4b–5d) geht es darum, ob ein bestimmter strittiger Fall, Euthyphrons Anklage seines Vaters wegen Mordes, ein Beispiel für Frömmigkeit ist oder nicht. Ähnlich wird im *Charmides* (158c–159a) die Frage problematisiert, ob Charmides besonnen sei, so daß als Voraussetzung ihrer Beantwortung die Frage gestellt werden muß, was Besonnenheit sei.

Das Muster, das in den letzten beiden Beispielen deutlich wurde, daß nämlich die Frage „Ist das-und-das ein Fall der Eigenschaft F?" als unbeantwortbar gilt, wenn nicht zuerst die Frage „Was ist F?" beantwortet ist, hat zu dem Vorwurf geführt, Sokrates mache sich des sogenannten „Sokratischen Fehlschlusses" schuldig. Damit ist die These gemeint, es sei nicht möglich, festzustellen, ob einer Sache eine Eigenschaft zukomme, wenn man nicht über die Definition dieser Eigenschaft verfüge. Würde Sokrates diese These vertreten, begäbe er sich in eine äußerst schwierige Position, (1) weil sie durch zahllose Gegenbeispiele widerlegt werden kann (z. B. können wir alle sagen, daß es sich bei einer Fünfpfundnote um Geld handelt, auch wenn wir keine Definition von Geld geben können), (2) weil die Definitionsmethode, die Sokrates anerkennt, in der Überlegung besteht, was einzelne Fälle einer Art oder Eigenschaft gemeinsam haben (z. B. *Menon* 72a–c). Dieses Vorgehen ist offenkundig sinnlos, wenn es ohne die vorherige Angabe einer Definition nicht möglich ist, Beispiele für die fragliche Art oder Eigenschaft anzuführen. Ebenso macht es dann keinen Sinn, eine Definition zurückzuweisen, indem man ein Gegenbeispiel anführt. Denn wenn sich nicht sagen läßt, ob eine Sache ein Beispiel für etwas ist, ohne daß man über eine Definition verfügt, dann kann man ohne Definition auch nicht bestreiten, daß eine Sache ein Beispiel für etwas ist. Da aber das Anführen von Gegenbeispielen ein Grundelement der Sokratischen Elenktik ist, würde der Fehlschluß Sokrates' gesamte argumentative Methode zerstören.

Tatsächlich ist Sokrates nicht auf diese sich selbst widerlegende Methode festgelegt. Die Beispiele im *Euthyphron* und *Charmides* legen ihn höchstens auf die Annahme fest, daß es einige strittige Fälle gibt, in denen die Frage „Ist dies ein Beispiel für F?" nicht geklärt werden kann, ohne daß die grundlegendere Frage „Was ist F?" beantwortet ist. Diese These impliziert nicht, daß alle Fälle strittig sind, und läßt so die Möglichkeit offen, nach einer Eigenschaft zu suchen, die bei allen unstrittigen Fällen von F gegeben und bei allen unstrittigen Fällen von nicht-F nicht gegeben ist, und dann die strittigen Fälle zu klären, indem man feststellt, ob diese Eigenschaft ihnen zukommt. (Tatsächlich können die strittigen Fälle so nicht geklärt werden; die ursprüngliche Diskussion verwandelt sich nämlich in eine Diskussion darüber, ob die Eigenschaft in den strittigen Fällen wirklich gegeben ist. Dies ist jedoch eine andere Frage.)

Sokrates' unverschämter Herausforderer im *Hippias Major* scheint jedoch so weit zu gehen, daß er behauptet, man könne unmöglich feststellen, ob irgendeine Sache moralisch vortrefflich bzw. schön sei, bevor man eine Definition des moralisch Schönen gegeben habe. Nachdem alle Definitionsversuche des Schönen, die Sokrates und Hippias versucht haben, mißlungen sind, stellt Sokrates sich vor, der Herausforderer gehe ihn noch einmal an und frage ihn folgendes: „Wie willst du wissen, ob jemand eine Rede schön verfaßt hat oder irgendeine Handlung schön ausgeführt hat, wenn du das Schöne nicht kennst? Und wenn es so um dich steht, denkst du, daß es besser für dich sei, zu leben, als tot zu sein?" (304 d–e). Wir können diese Schwierigkeit nicht übergehen, indem wir einfach darauf verweisen, dies sei nicht die Ansicht von Sokrates, sondern von jemand anders, da Sokrates deutlich macht, daß der unhöfliche Herausforderer sein Alter ego ist: „Er ist mir nämlich zufälligerweise nahe verwandt und wohnt mit mir zusammen." (304 d). Sokrates stimmt der Position des unverschämten Herausforderers jedoch nicht einfach zu; er beschließt das Gespräch mit der Aussage, er glaube jetzt zu wissen, daß das Sprichwort „Das Schöne ist schwer" wahr sei. Nach der Theorie seines Herausforderers könnte er nicht einmal das wissen – dessen Ansicht ist somit letztlich nicht die des Sokrates. Sie ist ihr allerdings sehr nahe und kann deshalb auch mit ihr verwechselt werden; sie stellt eine Herausforderung dar, die, wenn sie akzeptiert würde, Sokrates' gesamte argumentative Methodologie zerstören würde. Somit besteht die Aufgabe darin, diese Ansicht von Sokrates' eigener, bescheidenerer Position zu unterscheiden, nach der es einige schwierige Fälle gibt, die nicht geklärt werden können, wenn man keine Definition vorlegen kann. Ein Fachmann für ein bestimmtes Gebiet verfügt über die Fähigkeit, für strittige und unstrittige Fälle gleichermaßen zuverlässig angeben zu können, ob eine Sache eine bestimmte Eigenschaft hat oder sie zu einer bestimmten Art gehört. Hierfür ist es nach Sokrates sowohl notwendig als auch hinreichend, wenn man sagen kann, was die jeweilige Eigenschaft oder Art ist.

Die Beispiele aus dem *Laches, Menon, Protagoras* und *Politeia I* weisen ein anderes Muster auf. Hier besteht die Frage, von der die Suche nach der Definition einer Eigenschaft ausgeht, nicht darin, ob einem gegebenen strittigen Fall diese Eigenschaft zukommt, sondern darin, ob diese Eigenschaft selbst eine weitere Eigenschaft hat, ob also etwa Gerechtigkeit nützlich für den Gerechten ist und ob Mut und die Tugend insgesamt (d. h. der Besitz aller Tugenden – Mut, Besonnenheit, Gerechtigkeit, Weisheit etc.) gelehrt werden können. In *Menon* 71b bietet Sokrates einen Vergleich für dieses Muster, der den Eindruck erweckt, es handele sich bei dem Primat von Definitionen um eine ganz banale und selbstverständliche Sache. Wenn ich nicht weiß, wer Menon ist, kann ich nicht wissen, ob er eine bestimmte Eigenschaft hat, z. B., ob er reich oder gutaussehend ist. Analog verhalte es sich bei der Tugend. Wenn ich überhaupt nicht weiß, was Tugend ist, gibt es keinen Weg für mich, irgend etwas über sie zu wissen, einschließlich dessen, wie sie erworben wird.

Nach einer bestimmten Lesart handelt es sich hier wirklich um eine Platitüde. Wenn ich nie etwas von Menon gehört habe, so ist die angemessene Antwort auf die Frage „Ist Menon gutaussehend?“: „Entschuldigung, ich weiß nicht, von wem die Rede ist." Analog verhält es sich bei der Tugend. Wenn ich keine Vorstellung davon habe, was Tugend ist, ist die angemessene Antwort auf die Frage „Ist Tugend lehrbar?": „Entschuldigung, ich weiß nicht, worum es geht." Hier handelt es sich um Fälle, in denen eine Bedingung der verständlichen Rede über eine Sache nicht erfüllt ist – daß man fähig sein sollte, diese Sache zu identifizieren. Diese Bedingung verständlicher Rede verlangt jedoch offenkundig nicht die Fähigkeit, eine Definition der Sache anzugeben. Im Fall eines Individuums wie Menon muß man nicht über eine genaue Beschreibung des Menon verfügen, die unabhängig vom Kontext nur für ihn allein spezifisch ist. Es kann z. B. sein, daß man ihn nur als „der Mann dort drüben" oder in unbestimmter Weise als „jemand, den ich letztes Jahr in einer Kneipe getroffen habe", identifizieren kann. Die Analogie im Fall eines allgemeinen Begriffs wie dem der Tugend besteht nur in der minimalen Anforderung, zu wissen, wovon wir reden, wenn wir das Wort verwenden; dies impliziert jedoch nicht die Fähigkeit, eine genaue Bestimmung des allgemeinen Begriffs formulieren zu können (d. h. eine Definition zu geben). Um zu unserem früheren Beispiel zurückzukehren: Ich kann wissen, wovon ich spreche, wenn ich das Wort „Geld" verwende, auch wenn ich keine Definition des Geldes angeben kann; es ist eindeutig ausreichend, wenn ich z. B. Standardbeispiele erkennen kann. Es ist klar, daß Menon in diesem Sinn von Anfang an weiß, wovon er redet; andernfalls könnte er nicht einmal seine anfängliche Frage „Ist die Tugend lehrbar?" aufbringen. Die Platitüde, daß verständliche Rede über irgendeine Sache die Fähigkeit voraussetzt, diese Sache zu identifizieren, verweist somit nicht auf das Primat der Definition. Warum besteht Sokrates dann auf diesem Primat, wenn die Bedingung, die durch die Platitüde aufgestellt wird, auch ohne sie erfüllt ist?

Um diese Frage zu beantworten, müssen wir beachten, daß die Suche nach der Definition einzelner Tugenden und der Tugend als ganzer im *Laches*, im *Menon* und im *Protagoras* von der praktischen Frage ausgeht, wie diese Qualitäten erworben werden können. Welche Art der Definition dieser Qualitäten wird von der praktischen Frage gefordert? Es ist eindeutig mehr gefordert als das bloße Wissen, wovon man spricht, denn, wie wir gesehen haben, ist dieses bereits die Bedingung dafür, daß man die praktische Frage überhaupt stellen kann. Es ist verlockend vorzuschlagen, was darüber hinaus gefordert sei, sei die Fähigkeit, in einem lexikalischen Sinn die Bedeutung des Begriffs, der die betreffende Qualität bezeichnet, anzugeben. Im Fall des griechischen Begriffs, den ich durch „Tugend" im Sinn einzelner Tugenden und „Tugend als ganze" im Sinn der alle Tugenden umfassenden Tugend wiedergegeben habe (*aretē*), würde eine relativ genaue Bestimmung der Bedeutung so aussehen:

1. Eigenschaft eines Akteurs; Teil der Menge der Eigenschaften, die jeweils notwendig und gemeinsam hinreichend sind, um insgesamt im Leben erfolgreich zu sein.
2. Die Menge der Eigenschaften, die unter 1. genannt ist.

Inwiefern wird die Fähigkeit, diese Bestimmung geben zu können, von der praktischen Frage gefordert? Die Bestimmung bringt die Untersuchung in der Tat insofern voran, als sie deutlich macht, daß Eigenschaften gesucht sind, die den Erfolg im Leben befördern; sie bietet jedoch weder einen Hinweis darauf, worin diese Eigenschaften bestehen, noch auf die entscheidende Frage, wie sie erworben werden können. Man könnte sich auf diese Bestimmung einigen und doch ganz grundlegend verschiedene Antworten auf die praktische Frage geben. So könnten z. B. manche denken, die Eigenschaften, die im Leben Erfolg bringen, seien durchweg Gaben der Natur wie Intelligenz und vornehme Herkunft, während andere der Ansicht wären, sie könnten durchweg wie praktische Fähigkeiten durch Übung erworben werden. Die praktische Frage scheint somit eine andere Art der Definition zu verlangen als die Bedeutungsklärung des Begriffs, der die Eigenschaft bezeichnet; gefordert ist eine Wesensbestimmung dessen, was diese Eigenschaft ist. Eine Wesensbestimmung beinhaltet sowohl die Aufgliederung eines Komplexes von Eigenschaften in die Bestandteile dieses Komplexes (z. B. Tugend als ganze besteht aus Gerechtigkeit, Besonnenheit etc.) und Theorien, die diese Eigenschaften erklären (z. B. Besonnenheit besteht in der Kontrolle des physischen Verlangens durch die Vernunft). Sie bietet also eine Theorie der Tugend als ganzer, die diese erklärt, indem sie ihre Bestandteile und ihre Ursachen identifiziert, und dadurch geeignete Methoden aufzeigt, sie zu erwerben.

Daß die gesuchten Definitionen Wesensdefinitionen sind, paßt gut zu der These, die Fähigkeit des Definierens charakterisiere den Fachmann. Der Experte für Tugend sollte erklären können, was Tugend ist, und zwar auf eine Art und Weise, durch die er zuverlässigen Rat gibt, wie sie erworben und bewahrt werden könne, genau wie der Experte für Gesundheit in einer Weise erklären können sollte, was Gesundheit ist, die zuverlässige Leitlinien dafür abgibt, wie man gesund wird und bleibt. Die Texte der Dialoge, die oben erwähnt wurden, bestätigen teilweise, daß die gesuchten Definitionen von dieser Art sind, obgleich es eine Vereinfachung wäre zu behaupten, derartige Definitionen würden in allen Fällen von Bedeutungsklärungen der Begriffe unterschieden, die die betreffenden Eigenschaften bezeichnen.

Daß Sokrates nach Wesensdefinitionen, nicht nach rein begrifflichen oder ‚analytischen‘ Definitionen sucht, geht aus den Dialogen hervor, in denen Tugend entweder ausdrücklich mit Wissen oder einem anderen kognitiven Zustand identifiziert wird oder diese Identifizierung nahegelegt wird. Die ausführlichste Definition findet sich im *Menon* (der oben als ein Übergangsdialog zwischen den „Sokratischen“ und den „Platonischen“ Dialogen bezeichnet wurde). In 75–6 versucht Sokrates, Menon zu erklären, daß er nicht nach Listen einzelner Tugenden wie Mut oder Besonnenheit sucht, sondern nach einer Bestimmung dessen, was diesen Tugenden gemeinsam ist. Er illustriert diesen Punkt durch zwei beispielhafte Bestimmungen der Gestalt und der Farbe. Die erste besteht in einer Begriffsklärung; Gestalt sei die Grenze eines Körpers. Die zweite bietet eine „wissenschaftliche" Theorie der Farbe (basierend auf der Theorie des Philosophen Empedokles aus dem fünften Jahrhundert) als Strom von Teilchen. Dieser geht von dem wahrgenommenen Objekt aus, wobei die Teilchen die passende Größe und Form haben, um durch Kanäle im Auge zu einem inneren Wahrnehmungsorgan zu gelangen. Sokrates gibt keinen klaren Hinweis darauf, daß er diese beiden Arten der Bestimmung als unterschiedlich ansieht. Er sagt, daß er die erste vorzieht, erklärt aber nicht, warum. Allerdings beschreibt er die zweite als „hochtrabend", was vielleicht darauf hinweist, daß sie aufgrund ihrer umständlichen technischen Terminologie unterlegen ist.

Trotz dieser ausdrücklichen Präferenz für das, was tatsächlich eine Nominaldefinition ist, gegenüber einer Wesensdefinition, fährt Sokrates fort, indem er eine Theorie der Tugend im Sinne letzterer aufstellt – Tugend sei Wissen. Diese Theorie ist für sich genommen keine Klärung des Begriffs der Tugend, wie er oben beschrieben wurde, wenngleich sie auf der begrifflichen These beruht, die Tugend sei ihrem Besitzer nützlich (auf Griechisch, daß *aretē ōphelimon* sei, 87e). Es handelt sich vielmehr um die Identifikation von Wissen als dem Zustand, der notwendig und/oder hinreichend für Erfolg im Leben ist. Sokrates' Theorie entsteht nicht allein aus Überlegungen zur Bedeutung von Wörtern, sondern durch eine zusätzliche sehr allgemeine These darüber, wie Erfolg erreicht wird. Die These lautet, daß das einzig uneingeschränkt Gute das sei, was die richtige Lenkung von wünschenswerten Qualitäten wie Stärke oder Tapferkeit leistet, nämlich Einsicht. Die Einsicht wird dann mit Wissen gleichgesetzt (87d–89c). Daraufhin wird Sokrates durch die Betrachtung der vermeintlich empirischen Tatsache, es gebe keine Experten für die Tugend, die es doch geben müßte, wenn Tugend eine Art des Wissens wäre (hier handelt es sich wieder um eine begriffliche These), scheinbar dazu gebracht, diese Theorie zugunsten des verbesserten Vorschlags aufzugeben, Tugend sei nicht Wissen, sondern wahre Meinung (89c–97c). In Sokrates' Versuch, die bestmögliche Theorie dazu zu finden, was die Tugend ist (d. h. welche Eigenschaft am besten der oben zur Begriffsklärung angeführten Menge von Bestimmungen entspricht), vermischen sich begriffliche Thesen und allgemeine empirische Behauptungen über die menschliche Natur.

Im *Menon* führt die praktische Frage, wie Tugend erworben wird, also zu einer Wesensbestimmung der Tugend als einem kognitiven Zustand. Es ist kein Zufall, daß die beiden anderen Dialoge, die mit derselben Frage beginnen (im *Protagoras* bezogen auf die Tugend als ganze, im *Laches* bezogen auf die einzelne Tugend der Tapferkeit), sich ähnlich entwickeln. Im *Protagoras* nimmt Sokrates' junger Freund Hippokrates anfangs an, der Weg, Tugend zu erwerben, bestehe darin, sich in ihr von Protagoras unterrichten zu lassen. Doch die sophistische Auffassung der Tugend als ein Bündel von nur zufällig miteinander verbundenen Eigenschaften wird zugunsten einer Version der Theorie aus dem *Menon* zurückgewiesen, derzufolge Tugend Wissen ist. Im *Laches* führt die Frage, wie Tugend erworben werden kann, nach der Kritik mehrerer unterschiedlicher Vorschläge zu einer spezifischen Version der Theorie von der Tugend als Wissen, derzufolge Tapferkeit das Wissen davon ist, wovor man Angst haben sollte und wovor nicht (194e–195a). Diese wird schließlich mit dem Argument zurückgewiesen, daß das, wovor man Angst haben sollte und wovor nicht, identisch mit dem ist, was schlecht ist und was nicht schlecht ist, so daß Tapferkeit dann das Wissen davon wäre, was schlecht ist und was nicht schlecht ist. Aber da nach der kognitiven Theorie genau hierin die Tugend als ganze besteht, ergibt sich, daß die Tapferkeit identisch mit der Tugend als ganzer ist, statt wie anfänglich angenommen nur ein Teil von ihr (198a–199e). So endet der Dialog mit dem Eingeständnis, die Gesprächspartner hätten in ihrer Suche danach, was die Tapferkeit ist, versagt. Die Kommentatoren sind sich nicht einig, ob dieses ergebnislose Gesprächsende als echtes Ergebnis akzeptiert werden sollte, und wenn nicht, welche der Annahmen, die zu ihm führen, aufgegeben werden sollten. Der für uns entscheidende Punkt ist, daß die praktische Frage auch hier nicht nur zu einer Wesensdefinition der fraglichen Eigenschaft führt, sondern darüber hinaus zu eben der Bestimmung, für die im *Menon* und im *Protagoras* geworben wird.

Ich möchte nicht die These vertreten, daß Platon zu der Zeit, als er diese Dialoge verfaßte, eine klare Auffassung von der Unterscheidung zwischen Nominaldefinitionen und der Art der Wesensdefinition hatte, für die die kognitive Theorie ein Beispiel ist. Die Tatsache, daß er sogar im *Menon* (nach meiner Auffassung einer der spätesten von mir hier untersuchten Dialoge), der verglichen mit den anderen Dialogen die Definition am ausführlichsten diskutiert, als Musterdefinitionen von jeder der beiden Arten ein Beispiel anführt, ohne ausdrücklich zwischen ihnen zu unterscheiden, spricht dagegen, daß er hier über eine theoretische Unterscheidung verfügt hätte. Mein Vorschlag lautet dagegen, daß seine Dialoge zeigen, daß er eine Art der Definition bevorzugt, die wir eher als Wesens- denn als Nominaldefinition charakterisieren können, und daß die praktische Ausrichtung der Diskussionen, die zu diesen Definitionen führen, diese Tatsache erklärt.

Teilweise ist der Verlauf der Dialoge noch komplizierter. Im *Euthyphron* lautet die Ausgangsfrage: „Aufgrund welcher Eigenschaft sind Dinge (v. a. Typen von Handlungen) fromm?" Auf Euthyphrons Vorschlag hin (6 e–7 a), es handele sich um die Eigenschaft, den Göttern zu gefallen (was einer Erläuterung des alltäglichen griechischen Begriffs von *to hosion* sehr nahe ist), lockt Sokrates die These aus ihm hervor, daß die frommen Dinge den Göttern gefallen, *weil sie fromm sind* (10 d). Dies schließt die Möglichkeit aus, daß Frömmigkeit die Eigenschaft ist, den Göttern zu gefallen. Die folgende Diskussion wendet sich der Suche nach der Art des Verhaltens zu, die die Zustimmung der Götter findet. Auch hier könnten wir sagen, daß Sokrates irgendwie auf eine Wesensbestimmung der Frömmigkeit aus zu sein scheint, in der die Antwort in Form einer Theorie der menschlichen Natur und ihrer Beziehung zum Göttlichen gegeben werden müßte. Der Dialog enthält jedoch keine weiteren Hinweise darauf, wie diese Theorie im Detail aussehen würde. Im *Charmides* ist die Situation sogar noch unklarer. Dies liegt zum Teil daran, daß die Tugend, um die es geht, *sōphrosynē* (die Standardübersetzung lautet „Besonnenheit" bzw. „Selbstbeherrschung", teilweise wäre „vernünftige geistige Verfassung" besser), unbestimmt im Hinblick darauf ist, ob sie eine Art des Verhaltens bezeichnet oder den geistigen Zustand, von dem das Verhalten gesteuert wird. Demzufolge sind die unterschiedlichen Vorschläge, nach denen es sich um die eine oder andere Art des Wissens handelt, nicht so leicht als Begriffsklärungen auf der einen Seite oder Wesensdefinitionen auf der anderen Seite einzuordnen wie die Definitionen des *Laches, Menon* und *Protagoras*.

Ethik

Die Suche nach Definitionen ist also eine Suche nach Expertenwissen; wer über Expertenwissen verfügt, verfügt über eine Theorie der Sache, auf die sich sein Wissen bezieht, ein Verständnis ihrer Natur, aus dem heraus Antworten auf weiterführende praktische und theoretische Fragen über sie gegeben werden können. In den Dialogen, die im letzten Abschnitt diskutiert worden sind, sehen wir Sokrates auf der Suche nach einer Theorie der menschlichen Tugend. Teilweise geht es um einen Bestandteil der menschlichen Tugend, d. h. eine einzelne Tugend (Frömmigkeit im *Euthyphron*, Mut im *Laches*, Selbstbeherrschung im *Charmides*), teilweise um eine Theorie der Tugend als ganzer *(Menon, Protagoras)*. In all diesen Dialogen ist die Suche zumindest dem Anschein nach erfolglos; die Dialoge enden jeweils mit dem Eingeständnis von Sokrates und seinen Gesprächspartnern, sie hätten die gesuchte Bestimmung der Tugend oder eines ihrer Teile nicht finden können. Es gibt jedoch einige bemerkenswerte Unterschiede. In den drei Dialogen, in denen es um einzelne Tugenden geht, hat die Diskussion einen stärker provisorischen Charakter. Sokrates kann nicht leicht mit einer positiven Position identifiziert werden, und das Ende in einer ausweglosen Diskussionslage ist zumindest in gewisser Weise überzeugend. Im *Menon* und *Protagoras* argumentiert Sokrates dagegen klar für die These, Tugend sei Wissen. Das scheinbar aporetische Ende der Dialoge kann durchaus so interpretiert werden, daß es Sokrates' Überzeugung von dieser These nicht aufhebt. In diesen Dialogen zeigt Platon Sokrates meiner Auffassung nach zwar nicht so, als verfüge er über die vollständig ausformulierte Theorie der Tugend, die er anstrebt, aber doch so, als hätte er zumindest einen Begriff von ihrer Grundstruktur. So gibt es also auch in den Dialogen zur Definition eine Entwicklung im Bild des Sokrates von einem, der in rein kritischer Weise sucht, zu jemandem, der eine Theorie vertritt (wenn auch nicht zu einem Experten im vollständigen Sinne). Es ist eine offene Frage, ob diese Entwicklung zu Platons Bild des historischen Sokrates gehört oder ob sie der erste Schritt von diesem Bild hin zu einer Darstellung ist, die mehr von seinen eigenen Ansichten aufnimmt.

Grundlegend für die Theorie, die Platon Sokrates vertreten läßt, ist die Verbindung einer Konzeption der Tugend als der Eigenschaft, die einen allgemeinen Erfolg im Leben garantiert, mit der inhaltlichen These, das, was tatsächlich diesen Erfolg garantiere, sei das Wissen davon, was das Beste für den Akteur ist. Diese beruht wiederum auf einer umfassenden Theorie menschlicher Motivation, nach der Handelnde eine Vorstellung davon haben, was insgesamt das Beste für ihn oder sie ist (d. h., was die *eudaimonia*, den umfassenden Erfolg im Leben, am meisten fördert). Die Aussicht, diese Vorstellung zu verwirklichen, motiviert die Menschen zum Handeln. Diese Art der Motivation wirkt sich sowohl auf Wünsche wie auch auf Überzeugungen aus. Sokrates vertritt die Ansicht (*Menon* 77c, 78b), jeder begehre gute Dinge. Der Kontext erlaubt es, die These entschiedener zu formulieren: Der Wunsch nach dem Guten ist ein ständig bestehendes Motiv, der durch eine Vorstellung des Guten in die eine oder andere Richtung gelenkt wird. Durch diese Ausrichtung sind die Wünsche auf das Ziel festgelegt, das von der jeweiligen Vorstellung des Guten bestimmt wird; die Möglichkeit, daß es zu einem Konflikt zwischen verschiedenen Wünschen kommt, gibt es nicht. Damit beruht das richtige Verhalten allein auf der richtigen Auffassung davon, worin für den Akteur insgesamt das Gute besteht.

Nach dieser Theorie hat Motivation eine einheitliche Struktur, sie ist durchgängig von Selbstinteresse geprägt. Jeder Akteur ist immer auf das aus, was er oder sie als das Beste für sich selbst betrachtet. Wird dieses Ziel nicht erreicht, so muß dies damit begründet werden, daß das Ziel nicht vollständig begriffen worden ist, d. h., daß ein kognitiver Defekt und nicht etwa eine falsche Motivation vorliegt. Sokrates erläutert dies im *Protagoras,* ausgehend von der seines Erachtens weit verbreiteten Ansicht, daß das umfassende Interesse von Akteuren hedonistisch als Interesse an dem Leben mit einem größtmöglichen Anteil von Lust verglichen mit dem Anteil an Schmerz verstanden werden muß. Geht man von dieser Annahme aus, ist es unsinnig, falsches Handeln so zu erklären, als sei der Akteur von Lust oder einer anderen Art des Begehrens überwältigt worden. Er muß vielmehr einen Fehler in seiner Einschätzung dessen gemacht haben, was mit der größten Lust verbunden sein würde. In Sokrates' Formulierung (358 d): „Es liegt nicht in der menschlichen Natur, eher dem nachgehen zu wollen, was man für schlecht hält, als dem Guten." Unter den Kommentatoren herrscht eine beträchtliche Uneinigkeit in der Frage, ob Sokrates so gezeigt wird, als würde er selbst die hedonistische Annahme akzeptieren, oder als setze er sie nur *ad hominem* ein, um zu zeigen, daß Protagoras' Ansicht einfach der allgemeinen Überzeugung entspricht. Unabhängig von dieser Frage besteht jedoch kein Zweifel daran, daß Sokrates selbst die Ansicht vertritt, nach der die Vorstellung, die der Akteur vom Guten hat, der einzige Bezugspunkt der Motivation ist (diese These wird auch im *Menon* vertreten). Die Theorie der Tugend als Wissen mündet also direkt in eine der Thesen, für die Sokrates in der Antike berühmt war, nämlich die Leugnung der Möglichkeit, gegen das eigene bessere Urteil zu handeln (*akrasia*). Aristoteles gibt Sokrates' Position so wieder (*Nikomachische Ethik* 1145^b 26–7): „Denn keiner handelt gegen das Beste, in der Meinung, daß er gegen das Beste handelt, sondern nur aus Unwissen." Knapper formuliert findet sich diese These in dem Spruch „Keiner tut absichtlich das Falsche" (*oudeis hekōn hamartanei* [*Prot.* 345 e]).

Bis zu diesem Punkt identifiziert die Theorie Tugend mit der Eigenschaft, die einen umfassenden Erfolg im Leben garantiert, und setzt diese Eigenschaft wiederum – auf dem Weg der beschriebenen Theorie der Motivation – mit dem Wissen gleich, was das Beste für den Akteur ist. Aber diese Theorie hat keinen moralischen Gehalt. Nichts in ihr zeigt oder deutet auch nur an, daß es für den Akteur das Beste ist, ein moralisch gutes Leben zu führen und sich nach den traditionellen Tugenden zu richten. Zu diesen gehören sowohl die Gerechtigkeit mit ihrer Bedeutung für die Beachtung anderer als auch die Selbstbeherrschung, die den Verzicht auf die Erfüllung mancher eigener Wünsche erfordert. Doch wenn irgend etwas charakteristisch für Sokrates ist, dann ist es sein Insistieren auf der vorrangigen Bedeutung der Moralität. Wir haben gesehen, daß er in der *Apologie* sagt, was auch immer komme, er wisse, daß er nicht falsch handeln dürfe, indem er dem göttlichen Auftrag zu philosophieren nicht gehorche. Im *Kriton* ist die grundlegende These, daß man nie das Falsche tun dürfe (bzw. „unrecht tun dürfe" [*adikein*]). Es ist dieses Prinzip, das für die Entscheidung maßgeblich war, keinen Fluchtversuch aus dem Gefängnis zu unternehmen (49 a–b). Die Verbindung dieser Betonung der Moralität mit der Frage der Motivation des Handelnden wird nun durch die These hergestellt, das beste Leben für einen Akteur sei ein Leben, das in Übereinstimmung mit den Anforderungen der Moralität gelebt wird. Durch diese These gewinnt der Ausspruch, niemand tue absichtlich das Falsche, eine moralische Dimension. Die vollständige moralische Version dessen, was als „Sokratisches Paradox" bezeichnet wird, lautet dann: „Niemand handelt willentlich falsch (bzw. tut absichtlich unrecht), sondern alle, die falsch handeln, tun dies unfreiwillig (bzw. unabsichtlich)" (*Gorg.* 509e).

Die These, das moralische Leben sei das beste Leben *für den Akteur* hat somit die zentrale Aufgabe, Sokrates' Intuitionen bezüglich der vorrangigen Bedeutung der Moralität mit der Theorie der durchweg selbstinteressierten Motivation zu verbinden, die die Grundlage der Gleichsetzung von Tugend und Wissen ist. Sie bildet den Grundstein des gesamten Gebäudes. Angesichts dieser Bedeutung ist es erstaunlich, daß nicht mehr Argumente angeführt werden, um sie zu untermauern. In *Kriton* 47e werden Gerechtigkeit und Ungerechtigkeit als Gesundheit bzw. Krankheit der Seele beschrieben. Ausgehend hiervon heißt es dann, so wie es es nicht wert sei, mit einem kranken und zerstörten Körper zu leben, sei es es nicht wert, mit einer kranken und zerstörten Seele zu leben. Doch dies ist kein Argument. Selbst wenn man annimmt, daß Gesundheit an sich ein wünschenswerter und Krankheit an sich ein nicht wünschenswerter Zustand sei, müssen die entscheidenden Thesen, Gerechtigkeit sei die Gesundheit der Seele und Ungerechtigkeit ihre Krankheit, nicht nur behauptet, sondern begründet werden.

Im *Gorgias* bietet Platon einige Argumente, die allerdings schwach sind. Sokrates argumentiert gegen Polos, daß erfolgreiche Tyrannen, die nach Ansicht beider das Äußerste der Ungerechtigkeit verkörpern, sich nicht das für sie beste Leben sichern, wie Polos behauptet. Im Gegenteil bekommen sie nie das, was sie wirklich wollen, da sie wollen, daß es ihnen gut geht, ihre Ungerechtigkeit aber schlecht für sie ist. Der Beweis, daß sie schlecht für sie sei (473a–475c), setzt bei Polos' Eingeständnis an, daß ungerechtes Handeln, obgleich es gut (*agathon*) für den Akteur ist, schändlich (*aischron*) ist. Sokrates versichert sich dann der Zustimmung zu dem Prinzip, daß alles, was schändlich ist, es entweder deshalb ist, weil es unangenehm ist, oder deshalb, weil es Nachteile bringt. Ungerecht zu handeln ist eindeutig nicht unangenehm; demnach

80

muß es nach der genannten Prämisse Nachteile bringen. Folglich ist ein ungerechtes Leben schlecht für den Akteur.

Die wichtigste unter den vielen Schwächen dieses Arguments besteht in der Vernachlässigung der Relativität der Begriffe. Wenn die Prämisse akzeptiert werden soll, muß sie wie folgt gelesen werden: „Alles, was schändlich für irgend jemand ist, ist es entweder, weil es jemandem unangenehm ist oder weil es jemandem Nachteile bringt." Aus dieser Prämisse folgt nun keineswegs, daß die Ungerechtigkeit deshalb, weil sie für die ungerechte Person nicht unangenehm ist, ihr selbst Nachteile bringen muß. (Tatsächlich ist es ein wesentlicher Grund für die Überzeugung, Ungerechtigkeit sei schändlich für den Täter, daß sie normalerweise jemandem anderen schadet.) Später im Dialog (503e–504d) argumentiert Sokrates gegen Kallikles, da die Frage, ob irgend etwas (z.B. ein Boot oder ein Haus) gut ist (d.h. *aretē* hat), vom richtigen Verhältnis und der Anordnung der Bestandteile abhänge, müsse die Tugend des Körpers und der Seele vom richtigen Verhältnis und der Ordnung ihrer Bestandteile abhängen, d.h. von der Gesundheit des Körpers und von Gerechtigkeit und Selbstbeherrschung der Seele. Die Analogie zwischen körperlicher Gesundheit und Tugend, die im *Kriton* einfach behauptet wurde, wird hier durch das allgemeine Prinzip gestützt, das Gut-Sein bzw. die Tugend einer Sache sei abhängig von der Organisation ihrer Bestandteile; dieses Prinzip ist für eine Begründung der Parallelität jedoch unzureichend. Die richtige Organisation der Bestandteile wird selbst wiederum durch die Funktion der betreffenden Sache bestimmt; ausgehend von der Funktion eines Boots, die darin besteht, die Insassen sicher und bequem im Wasser zu befördern, stellt sich die Frage, ob seine Teile gut oder schlecht zusammengesetzt sind. So müssen wir also, um zu wissen, welche Ordnung der psychologischen Komponenten – wie Intellekt oder körperliche Begierden – am besten ist, zuerst wissen, worin unsere Ziele im Leben bestehen sollten. Nach einer Konzeption dieser Ziele kann sich tatsächlich die psychische Organisation als beste erweisen, die von den traditionellen Tugenden vorgegeben wird. Eine andere Konzeption, z. B. die von Don Juan oder Gauguin, könnte dagegen einer völlig anderen Organisation den Vorzug geben, die einen maximalen Spielraum dafür bietet, sein Leben auf ganz eigene Weise zu gestalten.

Die Lehre, Tugend sei Wissen, ist der Schlüssel zum Verständnis der sogenannten These von der Einheit der Tugenden, die Sokrates im *Protagoras* vertritt. In diesem Dialog setzt Protagoras ein weitgehend traditionelles Bild der Tugenden als eine Gruppe voneinander getrennter Eigenschaften voraus, so wie etwa auch die körperlichen Sinne voneinander getrennt sind. Ein gut funktionierender Mensch muß sie alle gebrauchsbereit haben; es sei jedoch möglich, einige zu haben und andere nicht. Insbesondere sei es möglich, in herausragender Weise tapfer zu sein und in bezug auf die anderen Tugenden gleichzeitig enorme Defizite zu haben (329 d–e). Sokrates vertritt daraufhin die Gegenthese, nämlich daß die Namen der einzelnen Tugenden wie Tapferkeit, Selbstbeherrschung etc. „alles Namen ein und derselben Sache" sind (329 c–d). Später im Dialog erklärt er, wie dies zu verstehen ist, indem er behauptet, er habe „versucht zu zeigen, daß alles – Gerechtigkeit, Selbstbeherrschung und Tapferkeit – Wissen ist" (361b). Die einzelnen Tugenden können insofern als Wissen bezeichnet werden, als nach der oben skizzierten Motivationstheorie das Wissen, was für den Akteur am besten ist, notwendig und hinreichend für das richtige Verhalten in jedem Bereich des Lebens ist, auf den Wissen angewendet werden kann. Die einzelnen Tugenden sollten dabei nicht als unterschiedliche Arten des Wissens, die unter einen Oberbegriff zusammengefaßt werden können, verstanden werden. Nach diesem Modell wäre Frömmigkeit Wissen in religiösen Angelegenheiten und Tapferkeit Wissen darüber, was gefährlich ist. Beide wären so unterschiedlich wie etwa Kenntnisse in Arithmetik und Kenntnisse in Geometrie, die unterschiedliche Arten des mathematischen Wissens sind, so daß man die einen Kenntnisse haben kann, ohne über die anderen zu verfügen. Nach dem Sokratischen Bild gibt es ein einziges integriertes Wissen – das Wissen darum, was für den Akteur das Beste ist. Dieses wird in den vielfältigen Bereichen des Lebens zur Anwendung gebracht und kann je nach Bereich unterschiedlich benannt werden. So ist Tapferkeit die Tugend, die in gefährlichen Situationen verläßlich für das angemessene Verhalten sorgt, Frömmigkeit die Tugend, die verläßlich das richtige Verhalten den Göttern gegenüber hervorbringt, etc. Die jeweilige Tugend besteht immer in demselben – der Einsicht des Akteurs in das, was gut für ihn oder sie ist.

Es wurde der Einwand vorgebracht[7], dieses einheitliche Bild sei nicht damit vereinbar, daß Sokrates im *Laches* und *Menon* die These akzeptiert, die einzelnen Tugenden seien Teile der Tugend als ganze. Im *Laches* wird tatsächlich die zunächst vorgeschlagene Definition der Tapferkeit als Wissen darum, was furchtbar ist und was nicht (194e–195a), mit dem Argument zurückgewiesen, nach dieser Bestimmung wäre die Tapferkeit nichts anderes als das Wissen darum, was gut sei und was schlecht. Dann aber wäre die Tapferkeit mit der Tugend als ganzer identisch, während sie entsprechend der ersten Hypothese nicht die ganze, sondern nur ein Teil der Tugend sei (198a–199e). Angesichts des aporetischen Charakters des Dialogs ist nicht klar, ob Platon, als er ihn schrieb, selbst dachte, die Definition der Tapferkeit sei mit der These unvereinbar, die Tapferkeit sei ein Teil der Tugend, und ob er eine eindeutige Ansicht dazu hatte, welche der Thesen aufgegeben werden sollte. Es ist sehr gut möglich, daß er selbst nicht von der Unvereinbarkeit der Thesen überzeugt war und daß er den Leser auffordern möchte, eigenständig zu erkennen, daß die Zurückweisung der Definition nicht wirklich erforderlich ist. Es ist klar, daß die Rede von Teilen der Tugend ohne Schwierigkeiten so interpretiert werden kann, daß sie mit der Annahme ihrer Einheit vereinbar ist:

---

[7] G. Vlastos betont diese Schwierigkeit in „Socrates on ‚The Parts of Virtue'" in seinem Buch *Platonic Studies* (2. Aufl., Princeton, NJ, 1981).

Die Tugend als ganze betrifft das gesamte Leben, während „Tapferkeit", „Frömmigkeit" etc. diese Tugend nicht bezogen auf ihren gesamten Anwendungsbereich, sondern bezogen auf ihre Anwendung in begrenzten Bereichen bezeichnen. In ähnlicher Weise sind die Nautik in Küstennähe und die Nautik auf dem offenen Ozean nicht zwei Wissenschaften, sondern eine Wissenschaft, die in unterschiedlichen Situationen angewandt wird. Trotzdem können sie insofern als Teile der Nautik bezeichnet werden, als die Fähigkeit des Navigierens Kenntnisse in beiden Bereichen umfaßt.[8]

Die Theorie, Tugend sei Wissen, hat, wie wir gesehen haben, einen Haken: Eine ihrer zentralen Thesen, nach der die Tugend immer dem Selbstinteresse des Akteurs entspricht, wird an keiner Stelle in den Sokratischen Dialogen adäquat begründet. Noch schwerer wiegt jedoch das Problem, daß die Theorie Widersprüche aufweist. Diese Widersprüchlichkeit wird deutlich, wenn wir fragen: „Wenn Tugend Wissen ist, wovon weiß sie dann etwas?" Die Antwort, die im *Menon* und *Protagoras* angedeutet wird, lautet, Tugend sei das Wissen um das, was für den Akteur gut ist. Unter der Voraussetzung einer konstanten Motivation, daß man sein eigenes Bestes anstrebt, ist dieses Wissen notwendig, wenn man es treffsicher anstreben will, und hinreichend, um den Erfolg dieses Strebens zu gewährleisten. Hierdurch ergibt sich jedoch, daß das, was gut für den Akteur ist, etwas anderes sein muß als das Wissen, welches das Erreichen des Guten gewährleistet. „Tugend ist das Wissen davon, was gut für den Akteur ist" ist analog zu „Medizin ist das Wissen um die Gesundheit". Gemäß dieser Analogie ist der Wert der Tugend, d. h. des Wissens, das das Erreichen des Guten garantiert, wie der Wert der Medizin rein instrumentell; demnach ist die Tugend nur ein abgeleiteter Wert, der dazu dient, Erfolg im Leben (*eudaimonia*) zu gewährleisten, und diesem höheren Wert untergeordnet ist. Doch wie wir gesehen haben, betrachtet Sokra-

---

[8] Das Beispiel übernehme ich aus T. C. Brickhouse und N. D. Smith, *Plato's Socrates* (New York und Oxford, 1994), 69–71

tes die Tugend nicht nur als instrumentell, sondern als an sich wertvoll und vergleicht sie explizit nicht mit der Medizin, sondern mit der Gesundheit selbst. Tugend ist also kein Mittel zu einer Lebensweise, die ohne jeden Bezug auf sie beschrieben werden und als *eudaimonia* identifiziert werden könnte; sie ist vielmehr einer ihrer Bestandteile (tatsächlich besteht eine der kompliziertesten Fragen zur Sokratischen Ethik darin, ob Sokrates über die Tugend hinaus auch andere Bestandteile der *eudaimonia* anerkennt). Es ist also keineswegs so, daß die Tugend wertvoll ist, weil sie ein Mittel zu einem umfassend erfüllten Leben (d.h. einem glücklichen Leben) ist, sondern vielmehr andersherum – ein Leben ist ausschließlich oder doch zumindest vorwiegend dann erfüllt, wenn es ein Leben im Sinne der Tugend ist.

Die Widersprüchlichkeit der Theorie besteht also darin, daß Sokrates sowohl behauptet, daß Tugend das Wissen davon sei, was das Gute für den Akteur ist, und daß sie dieses Gut selbst sei, obwohl diese beiden Thesen nicht ohne Widerspruch gleichzeitig vertreten werden können. Es könnte natürlich sowohl zutreffen, daß Tugend das Wissen davon ist, was das Gute für den Akteur ist, als auch, daß das, was das Gute für den Akteur ist, Wissen ist. In diesem Fall müßte aber das Wissen, das das Gute für den Akteur ist, ein anderes Wissen sein als das Wissen davon, was das Gute für den Akteur ist. Ansonsten entsteht die Situation, daß das Wissen davon, was das Gute für den Akteur ist, das Wissen davon ist, daß das Gute des Akteurs das Wissen davon ist, was das Gute für den Akteur ist, und daß dieses Wissen (d.h. das Wissen davon, was das Gute für den Akteur ist) wiederum das Wissen ist, daß das Gute des Akteurs das Wissen davon ist, was das Gute für den Akteur ist – dies ließe sich *ad infinitum* fortsetzen. Wenn Sokrates also bei der These bleiben will, daß Tugend Wissen ist, muß er dieses Wissen entweder als ein Wissen von etwas anderem als davon, was gut für den Akteur ist, genauer bestimmen, oder er muß die These aufgeben, daß die Tugend das ist, was das Gute für den Akteur ist.

Im *Euthydemos* zeigt Platon Sokrates, wie er mit diesem Problem kämpft. Der Dialog stellt zwei Auffassungen von Philosophie einander gegenüber, deren eine von Sokrates vertreten wird, die andere von zwei Sophisten, den Brüdern Euthydemos und Dionysodoros. Diese beiden demonstrieren ihre Auffassung der Philosophie, indem sie mit den Techniken vermeintlich schlüssigen Argumentierens ein Verwirrspiel inszenieren, das sie in die Lage versetzt, „in Diskussionen zu kämpfen und alles, was jemand sagt, zu widerlegen, ganz gleich, ob es wahr ist oder falsch" (272a–b). Sokrates dagegen versucht für die zentrale Bedeutung der Weisheit im Erlangen der *eudaimonia* zu argumentieren. Der erste Teil seines Arguments (278e–281e) entspricht im wesentlichen der Argumentation, mit der er in *Menon* 87d–89a die These begründet, Tugend sei Wissen. Weisheit oder Wissen (die Begriffe sind austauschbar) ist das einzige Gut schlechthin, während alle anderen Güter, seien es Glücksgüter oder positive Charaktereigenschaften, nur insofern gut für den Akteur sind, als er sie angemessen gebraucht; angemessen ist ihre Verwendung aber nur, wenn sie von Weisheit gelenkt ist. Bis hierher entwickelt Sokrates noch einmal die Position aus dem *Menon*; im zweiten Teil seines Arguments (288d–292e) geht er jedoch über diese hinaus. Hier erklärt er, das vorgetragene Argument habe gezeigt, daß die Kunst, die das umfassende Gute des Akteurs sichern kann, in der Herstellung und im Gebrauch aller untergeordneten Güter, auch der Produkte anderer Künste, wirksam ist. Es handelt sich also um eine lenkende oder leitende Fähigkeit, die angemessenerweise als die politische oder königliche (*basilikē*) Kunst bezeichnet wird. Aber was ist das Ziel der königlichen Kunst? Es besteht nicht darin, Güter wie Reichtum oder Freiheit für Menschen bereitzustellen; das vorangehende Argument hat ja gezeigt, daß diese nur unter der Bedingung gut sind, daß ihr Gebrauch von der Weisheit gelenkt wird. Das Ziel der königlichen Kunst kann nur sein, die Menschen weise zu machen. Aber weise worin? Nicht weise (d.h. fähig) im Schustern oder Bauen, da diese Fähigkeiten wiederum nur gut sind, wenn sie von der höchsten Fähigkeit geleitet werden. Das Ziel der königlichen

Kunst kann somit kein anderes sein, als die Menschen in ihr selbst auszubilden. Das aber ist, wie Sokrates zugibt (292d–e), völlig nichtssagend, da wir keinerlei Vorstellung davon haben, was die königliche Kunst ist.

Sokrates läßt das Rätsel ungelöst, und es ist durchaus möglich, daß Platon zu diesem Zeitpunkt nicht gesehen hat, wie das Problem sich lösen lassen könnte. Der Dialog zeigt, daß die Unvereinbarkeit im System der Sokratischen Ethik, deren zwei zentrale Aussagen darin bestehen, daß Tugend Wissen ist (davon, was das menschliche Gute ist) und daß Tugend selbst das menschliche Gute ist, Platon bewußt geworden war. Wenn das menschliche Gute sowohl mit Wissen wie auch mit Tugend gleichgesetzt wird, dann muß dieses Wissen einen anderen Gegenstand haben als sich selbst. Platons Lösung besteht später darin, eine Auffassung des für Menschen Guten zu entwickeln (in der *Politeia*), nach der dieses in einer psychischen Verfassung besteht, in der nicht-rationale Impulse vom Intellekt gelenkt werden, und zwar verfügt dieser über ein Wissen nicht vom für Menschen Guten, sondern vom Guten selbst als von einem universellen Rationalitätsprinzip. Nach dieser Konzeption ist (i) das für Menschen Gute die Tugend, (ii) die Tugend nicht identisch mit Wissen, aber von ihm geleitet, und (iii) das fragliche Wissen Wissen des allgemein Guten. Es spricht sehr viel dafür, den *Euthydemos* als Beleg für den Übergang von der Sokratischen Position, die am deutlichsten im *Menon* dargestellt wird, zu dieser späteren Platonischen Position anzusehen.

Der *Protagoras* könnte als Beschäftigung mit einer anderen möglichen Lösung der Schwierigkeit gedeutet werden. Hier entwickelt Sokrates eine Theorie der Tugend, für die folgende Thesen zentral sind: (i) Tugend ist Wissen von dem, was für Menschen das Gute ist (wie im *Menon*), (ii) das für Menschen Gute ist ein aufs Ganze gesehen angenehmes Leben. Die Bedeutung dieser Theorie besteht unabhängig davon, ob der Sokrates des Dialogs diese Lösung selbst anerkennt oder sie nur als eine Theorie vorstellt, die normale Leute und Protagoras akzeptieren müßten. In jedem Fall wird hier ein

Ausweg aus der Sackgasse gezeigt, in der die ursprüngliche Form der Sokratischen Theorie steckt, wenn es sich auch nicht um eine Lösung handelt, die Platon selbst akzeptiert hätte. Nachdem er mit dieser Theorie experimentiert hat, in der die Gleichsetzung von Tugend und Wissen beibehalten wird, die Gleichsetzung der Tugend mit dem für Menschen Guten dagegen aufgegeben wird, entscheidet er sich für die oben beschriebene Alternative, in der die zweite Gleichsetzung gewahrt bleibt, die erste dagegen verworfen wird.

Sokrates und die Sophisten

Der Kontrast zwischen Sokrates und den Sophisten ist zentral für Platons apologetisches Unterfangen. Wie wir gesehen haben, war Sokrates auf eine Ebene mit den Sophisten gestellt worden. So wurde es wesentlich für die Verteidigung seines Andenkens, die Größe der Kluft zwischen seiner Tätigkeit und der der Sophisten zu zeigen. Da Sokrates in der Darstellung Platons zudem den idealen Philosophen repräsentiert, kann diese Gegenüberstellung auch in abstrakterer Weise als Konfrontation der wahren Philosophie mit ihrem Zerrbild gesehen werden.

Platon zeigt Sokrates in den drei längsten und dramatisch komplexesten Dialogen der Gruppe, die wir hier untersuchen – im *Gorgias*, *Protagoras* und *Euthydemos* – in der Konfrontation mit Sophisten und ihren Anhängern. Ich werde diese Dialoge zusammen mit dem ersten Buch der *Politeia* diskutieren, das möglicherweise ursprünglich ein eigenständiger Dialog war. Abgesehen davon, ob *Politeia I* zunächst für sich stand oder nicht, ist deutlich, daß das Buch sich am aporetischen und elenktischen Stil der früheren Dialoge orientiert und klare Ähnlichkeiten zwischen Kallikles im *Gorgias* und Thrasymachos in *Politeia I* bestehen. Außer in diesen großen, dramatisch komplex gestalteten Dialogen findet sich Sokrates auch in den beiden Dialogen mit dem Titel *Hippias* im Gespräch mit einem Sophisten.

Das griechische Wort *sophistēs* (gebildet aus dem Adjektiv *sophos*, „weise" oder „gelehrt") bedeutet urspünglich „Fachmann" oder „Weiser". So wurden die berühmten Sieben Weisen als die „Sieben *Sophistai*" bezeichnet. Im fünften Jahrhundert wurde die Bezeichnung dann vorwiegend für die herumziehenden Intellektuellen wie Protagoras oder Hippias verwendet, die in den Sokratischen Dialogen gezeigt werden. Wir haben bereits gesehen, daß Sophisten in manchen Kreisen als gefährliche Umstürzler betrachtet wurden, die die konventionelle Religion und Moral durch eine Kombination von Naturwissenschaft und argumentativem Schwindel unterwanderten. Platon bietet ein weitaus differenzierteres Bild. Es gibt tatsächlich Elemente der Unterwanderung – Kallikles und Thrasymachos attackieren die konventionelle Moralität mit Macht. Was die argumentativen Tricks angeht, so legen Euthydemos und Dionysodoros ihre Kontrahenten schamlos und gezielt herein. Platon ist jedoch weit davon entfernt, die Sophisten als eine Klasse von moralischen Umstürzlern oder Scharlatanen im Argumentieren (noch weniger beides zugleich) zu zeigen.

Im *Protagoras* stellt der Sophist selbst seine Lehre von der Kunst des guten Lebens nicht als Kritik an der konventionellen, gesellschaftlichen Moral dar, sondern als eine Weiterführung derselben; er setzt an, wo die traditionelle Erziehung abbricht. Protagoras verteidigt die traditionelle Moral und insbesondere die zentrale Bedeutung, die sie den sozialen Tugenden der Gerechtigkeit und der Selbstbeherrschung zuschreibt. Er erzählt eine Geschichte, die die traditionelle Moral als eine natürliche Entwicklung zeigt: Die Moral erhält ihre Gestalt dadurch, daß Menschen, wenn sie in einer feindseligen Welt überleben sollen, notwendig sozial kooperieren müssen. Protagoras argumentiert vernünftig und in manchen Punkten überzeugend für seine Ansichten. Interessanterweise thematisiert Platon in diesem Porträt weder Protagoras' Anspruch, aus dem schwächeren Argument das stärkere zu machen, noch seinen Agnostizismus bezüglich der Existenz und dem Wesen der Götter. Prodikos, der auch im *Protagoras* auftritt und in den anderen Platonischen Dialogen relativ häufig erwähnt wird, soll naturalistische Theorien zum Ursprung der Religion vertreten haben und wird von einigen antiken Autoren als Atheist bezeichnet. Dies erwähnt Platon jedoch nirgends; sein Hauptinteresse besteht hier darin, sich über dessen Vorliebe für Wortklaubereien lustig zu machen.

Hippias wird sowohl im *Protagoras* wie auch in den nach ihm benannten Dialogen als ein Gelehrter in zahlreichen Wissensgebieten vorgestellt, dessen Interesse von den Naturwissenschaften und der Astronomie bis zur Geschichte und Literaturkritik sowie der Kunst, sein Gedächtnis zu schulen, reicht. Im *Hippias Major* zeigt er nur eine sehr geringe Fähigkeit, der Argumentation zu folgen; in keinem der Dialoge werden radikale Ansichten in irgendwelchen Fragen angedeutet. Gorgias tritt zunächst mit der These auf, sein Fachgebiet, die Rhetorik, sei eine wertfreie Disziplin (*Gorgias* 455 a), wird aber von Sokrates zu dem Eingeständnis gezwungen, ein guter Redner müsse wissen, was gerecht und was ungerecht ist, und seine Schüler müßten dies von ihm lernen, wenn sie es nicht schon vorher wissen (460 a). Es gibt keinen Hinweis darauf, welche inhaltlichen Thesen er bezüglich Gerechtigkeit und Ungerechtigkeit vertreten hat; insbesondere enthält der Dialog keinen Beleg dafür, daß Kallikles seine Ablehnung moralischer Grundsätze von Gorgias übernommen hätte. Es würde besser zu dem passen, was als Gorgias' tatsächliche Position unterstellt wird, wenn Gorgias' Einfluß auf Kallikles sich allein auf die rhetorische Kraft beziehen würde, die dieser in so großem Maße in der Darstellung seiner abscheulichen Ansichten zeigt. In Platons Augen war dieser Einfluß nicht weniger gefährlich als eine inhaltliche Indoktrination.

Es muß betont werden, daß Platon die Persönlichkeiten der Sophisten ebenso differenziert darstellt wie er ihre Lehren behandelt. Ganz sicher werden sie nicht in einem einheitlichen Ton der Feindseligkeit porträtiert. Thrasymachos ist tatsächlich eine durch und durch unangenehme Figur – arrogant, unverschämt und aggressiv (er fordert Sokrates sogar dazu auf, seine Amme zu holen, damit sie ihm die Nase putzt und ihn davon abhält, Unsinn zu reden [343a]) –, und Hippias ist ein gelehrter und eingebildeter Dummkopf. Die anderen Sophisten werden jedoch freundlicher gezeichnet. Die Scharlatanerie der beiden Brüder im *Euthydemos* ist so durchsichtig, daß sie beinahe liebenswert ist, während Prodikos eine Figur ist, die auf geradezu zärtliche Weise verspottet wird. Protagoras ist dagegen eine weitaus eindrucksvollere Gestalt, auch wenn er ohne Frage pompös und selbstgefällig ist. Er regt sich auf, wenn seine Argumentation widerlegt wird, aber er gewinnt seine Ausgeglichenheit schnell wieder zurück und schließt das Gespräch etwas von oben herab mit einem großzügigen Kompliment an Sokrates ab. Von größerer Bedeutung ist, daß Platon ihn als jemand zeigt, der eine intellektuelle Herausforderung darstellt. Die Rede, in der er seine Verteidigung der gesellschaftlichen Moral und seine Rolle als Erzieher präsentiert, bietet eine ernstzunehmende Argumentation, und bis zum Anfang der Enddiskussion wird er als ein Gesprächspartner gezeigt, der sich gegen Sokrates behaupten kann. Wenn wir dazu noch die ausführliche Kritik seiner Lehren im *Theaitetos* (keine Lehre eines anderen Sophisten wird in einem der Dialoge in ähnlicher Weise diskutiert) in Betracht ziehen, wird deutlich, daß Platon ihn tatsächlich ernst nahm.

Platons Sokrates interessiert sich nicht für die unorthodoxen religiösen Ansichten der Sophisten. (Später, in Buch 10 der *Nomoi*, vertritt Platon entschieden die These, der Atheismus führe zur Unmoral, und empfiehlt institutionelle Mittel, um ihn zu unterdrücken – einschließlich der Todesstrafe für die, die sich nicht bekehren lassen; doch dies ist eine Haltung, die dem Platonischen Sokrates fremd ist.) Dagegen stellt sich Sokrates einer schwierigen Herausforderung, die ein Element des sophistischen moralischen Denkens ausmacht und von Thrasymachos, der selbst ein Sophist ist, und Kallikles, einem Gefährten des Gorgias, vertreten wird. Die Grundlage dieser sophistischen Position ist – explizit bei Kallikles, implizit bei Thrasymachos – die Dichotomie zwischen Natur und reiner Konvention. Beide Gesprächspartner setzen eine egoistische Sicht der menschlichen Natur voraus. Ihre These lautet, wie andere Lebewesen hätten die Menschen eine natürliche Neigung, die maximale Befriedigung für sich selbst zu suchen. Hieraus schließen sie, daß für den einzelnen das erfolgreiche Leben *(eudaimonia)* darin besteht, dieser Neigung freien Lauf zu lassen. Gesetz und Moral betrachten sie als konventionelle Mittel, diese natürliche Tendenz zu begrenzen, um so das Wohl der anderen zu fördern. Im Ergebnis zwingen sie Menschen dazu, ihre eigene *eudaimonia* zugunsten der der anderen aufzuopfern. Aber da jeder Grund hat, seine eigene *eudaimonia* der der anderen vorzuziehen, ist es für jeden rational, sich aus den Fesseln von Gesetz und Moral zu befreien. (Kallikles geht einen Schritt weiter, indem er nicht nur behauptet, dies sei rational, sondern es sei in der Tat richtig bzw. gerecht *(physei dikaion)*, da das Individuum, das stark genug ist, andere auszunutzen, auch das Recht dazu habe und ihm somit von Gesetzen und Konventionen, die ihn daran zu hindern suchen, unrecht getan werde.)

Die Moraltheorie, die im letzten Kapitel skizziert wurde, bietet eine Antwort auf diese Herausforderung, wenn auch eine schwache, da die entscheidende Verbindung zwischen Moral und dem, was für den Akteur am besten ist, nicht gezeigt werden konnte. Doch neben dieser radikalen Infragestellung der konventionellen Moral findet sich in der sophistischen Tradition auch ein Argument, das sie stützt, und das so eine Antwort auf die Herausforderung darstellt. Dieses Argument besteht in der Theorie vom sozialen Ursprung der Moral, die Protagoras in dem nach ihm benannten Dialog vorstellt (siehe oben). Die Theorie verwirft die grundlegende These der radikalen Sophisten vom Gegensatz zwischen Natur und Konvention. Ganz im Gegenteil ist ihr zufolge die Konvention – in der Form der sozialen Moral – selbst ein Produkt der Natur, da sie natürlicherweise entsteht, wenn Menschen gezwungen sind, sich durch die Bildung von Gemeinschaften anzupassen, um zu überleben. Es ist also keineswegs so, daß Konventionen die Entwicklung der menschlichen Natur lähmen; ganz im Gegenteil kann die menschliche Natur nur durch die Konvention überleben und gedeihen, und nur so kann sich eine Zivilisation entwickeln.

Insofern Protagoras die konventionelle Moral, insbesondere Gerechtigkeit und Selbstbeherrschung, verteidigt, ist er ein Verbündeter gegen Kallikles und Thrasymachos. Trotzdem kann Sokrates seine Theorie nicht akzeptieren. Seine Kritik müßte lauten, nach Protagoras' Theorie seien Gerechtigkeit und Selbstbeherrschung nur instrumentell, nicht an sich wertvoll; ihr Wert werde nur darin gesehen, daß sie notwendige Voraussetzungen für die Vorteile des gesellschaftlichen Lebens seien, so daß diese Tugenden nur aufs Ganze gesehen nötig wären, nicht als Tugenden jedes einzelnen. Demnach hat der, der in einer bestimmten Situation unrecht tun kann, ohne damit die Gemeinschaft zu gefährden, keinen Grund, es nicht zu tun (das „free-rider"- bzw. Schwarzfahrer-Problem). Dieses Thema wird in Buch II der *Politeia* diskutiert. Im *Protagoras* lautet Sokrates' Kritik dagegen, Protagoras zeige in seiner Annahme von der Getrenntheit der Tugenden (siehe oben) eine inadäquate Auffassung von der Natur der Tugend. Somit ist sein Anspruch auf Expertentum bezüglich der Tugend (bzw. auf seine Fähigkeit, die *politikē technē* zu lehren [319a]) trügerisch. Die, die sich wie Hippokrates in der Erwartung um ihn scharen, Tugend zu erwerben, verschwenden nicht nur ihre Zeit und ihr Geld, sondern riskieren sogar den echten Schaden, eine falsche Auffassung der Tugend und damit eine falsche Vorstellung von den richtigen Zielen für ihr Leben zu übernehmen (312b–314b).

Sophisten sind also gefährlich, aber nicht auf die Art und Weise, wie es in den populären Karikaturen unterstellt wird. Sie stellen eine Bedrohung dar, und zwar nicht primär deshalb, weil sie mit Atheismus oder Unmoral hausieren gehen (wenngleich manche Sophisten für das eine oder das andere geworben haben), sondern deshalb, weil sie sich als Experten für die wichtigste aller Fragen, „Wie soll man leben?", bezeichnen, ohne wirklich über das erforderliche Wissen zu verfügen. Dies ist das immer wiederkehrende Thema der Begegnungen zwischen Sokrates und den Sophisten. Protagoras behauptet, die Menschen darin zu unterrichten, wie man Tugend erwirbt, und erweist sich als jemand, der kein Wissen davon hat, was die Tugend ist. Euthydemos und Dionysodoros nehmen genau dasselbe für sich in Anspruch (275a), doch alles, was sie tatsächlich jemandem beibringen können, sind Tricks mit Worten. (Protagoras wird ganz eindeutig als jemand gezeigt, der selbst an das glaubt, was er über sich behauptet; dies kann jedoch von den beiden Brüdern kaum gesagt werden. Dieser Aspekt ist allerdings nicht entscheidend; ganz gleich, ob der jeweilige Sophist selbst von seinem Anspruch auf Expertentum in Fragen der Tugend überzeugt ist oder nicht, – wichtig ist, daß er unbegründet ist.) Hippias nimmt ein universelles Expertentum für sich in Anspruch, einschließlich eines Expertenwissens über die Natur des Guten oder Schönen, einem Aspekt der Tugend, doch seine Behauptungen erweisen sich als ebenso leer wie die der anderen. Sokrates dagegen nimmt für sich normalerweise kein Expertentum in Anspruch. Er steht für die wahre Auffassung von der Aufgabe der Philosophie, die in der Suche nach einem echten Expertentum in der Kunst des guten Lebens besteht. Dieses besteht im Besitz der wahren Theorie der Tugend und damit der wahren Theorie über das uns angemessene Ziel im Leben.

Diese Konzeption der Philosophie wird im *Gorgias* durch den Kontrast mit der Rhetorik herausgestellt. Die Kunst des guten Lebens *(politikē)* sucht das Gute, wozu Wissen darüber erforderlich ist, was das Gute ist. Die Rhetorik ist dagegen nur darauf aus, die Wünsche von Leuten zu befriedigen, die nicht wissen, ob die Erfüllung dieser Wünsche gut oder schlecht für sie ist. So ist der wahre Experte für die Kunst des richtigen Lebens der Philosoph, repräsentiert von Sokrates, der hier ausnahmsweise ein Expertentum für sich in Anspruch nimmt. Wenn das Leben der Menschen nicht von der Philosophie geleitet, sondern von der Rhetorik gelenkt wird, tritt die Suche nach Lust an die Stelle des Strebens nach dem Guten. Diese Situation kann zu dem moralischen Chaos führen, für das Kallikles steht – für ihn besteht das Gute in dem völlig unterschiedslosen Verfolgen jeder Lust. Es scheint, daß Gorgias, anders als die übrigen Sophisten, nicht von sich selbst behauptet, er lehre die Tugend. Der Dialog *Gorgias* stellt somit, anders als die anderen hier diskutierten Dialoge, nicht die Kritik eines unbegründeten Anspruchs auf Expertentum, sondern einer fehlgeleiteten Praxis (in Platons Augen charakteristisch für die Athenische Demokratie) dar, die der Technik der Überredung die Aufgabe zuschreibt, die eigentlich der philosophischen Suche zukommt, – das Auffinden der grundlegenden Werte.

5. Sokrates und die spätere Philosophie

Antike Philosophie

Aus moderner Sicht besteht das bei weitem größte Vermächtnis des Sokrates in seinem Einfluß auf Platon. Wir haben jedoch gesehen, daß Platon nur einer aus einer ganzen Gruppe um Sokrates war, die in der Generation direkt nach seinem Tod über ihn geschrieben haben und auf die eine oder andere Art von ihm beeinflußt waren. Im folgenden Abschnitt werde ich kurz den entscheidenden Wegen nachgehen, auf denen Sokrates' Einfluß an spätere Generationen weitergegeben wurde, sei es durch persönliches Zusammentreffen oder durch die Schriften von Platon und anderen.

Wir können bei zwei Personen beginnen, die persönlich mit Sokrates Umgang hatten, Antisthenes und Aristipp. Antisthenes soll ursprünglich ein Schüler des Gorgias gewesen sein, der dann zu einem Anhänger von Sokrates wurde. Er scheint ein Sophist im traditionellen Sinn gewesen zu sein, der über eine Vielzahl von Themen geschrieben hat, viele von ihnen weit weg von Sokrates' Interessen, da sich dieser auf Fragen der Ethik konzentrierte. Sein Interesse am Wesen der Sprache und ihrer Beziehung zur Wirklichkeit, vor allem seine Leugnung der Möglichkeit des Widerspruchs, verbinden ihn eher mit Sokrates' Kontrahenten, insbesondere mit Prodikos und Protagoras, die beide diese These vertreten haben sollen. Er erscheint somit als eine Figur, die von verschiedenen Seiten geprägt worden ist. Der spezifisch Sokratische Einfluß zeigt sich bei ihm in der Annahme einiger Sokratischer Lehren zur Ethik und in seinem kargen Lebensstil. Er vertrat die Ansicht, die Tugend könne gelehrt werden und sei hinreichend, um glücklich zu sein. Allerdings fügt er den bedeutsamen Nachtrag hinzu: „wobei nichts anderes zusätzlich erforderlich ist als Sokratische Stärke" (DL 6.10–11). Dieser Nachtrag läßt auf eine Abwendung von der Sokratischen Leugnung jeder Möglichkeit der *akrasia* (d. h. des Handelns gegen das eigene bessere Urteil) schließen. Das Wissen davon, was gut für den Akteur ist, garantiert für sich genommen noch nicht, wie Sokrates meinte, ein auf dieses Gut ausgerichtetes Handeln. Zusätzlich muß der Akteur ausreichend Kraft haben, um sich an sein oder ihr Urteil darüber, was das Beste ist, zu halten. Dies impliziert, daß dieses Urteil gegen die Möglichkeit seiner Aushöhlung durch einander widerstreitende Wünsche verteidigt werden muß. (Platon deutet in *Pol.* 429c eine ähnliche Modifikation an, indem er Mut als „Wahrung der vom Gesetz und der Erziehung eingeflößten Meinung darüber, was furchtbar ist und was nicht, inmitten von Lust und Begierden und Ängsten" bestimmt.) Sokratische Stärke sollte durch ein materiell bescheidenes Leben gefördert werden, indem alle Vergnügen vermieden werden außer denen, die diesem Leben entsprechen. Es scheint also, daß dieser Aspekt von Sokrates' Lebensweise einen ebenso großen Einfluß auf Antisthenes hatte wie seine Lehren.

In der Folge wurde eine extreme Kargheit das Erkennungszeichen der Kyniker, die diese mit der Zurückweisung normaler sozialer Konventionen verbunden haben. Dies sollte Ausdruck ihrer zentralen These sein, das Gute bestehe in einem Leben in Übereinstimmung mit der Natur. Später hieß es, Antisthenes habe die Sekte der Kyniker gegründet. In ihr kommt es zu einer Weiterentwicklung der Sokratischen Lebensweise; für einen inhaltlichen oder organisatorischen Einfluß gibt es aber keinen Hinweis. Der Bericht bei Diogenes Laertius lautet (6.2), Antisthenes „wurde der Gründer der Kyniker, indem er seine Standfestigkeit von ihm [Sokrates] übernahm und seiner Unempfindlichkeit für die Affekte nacheiferte."

Aristipp stammt aus Kyrene in Nordafrika und kam angezogen von Sokrates' Ruf nach Athen. Auch er schrieb über eine Reihe von Themen, darunter Ethik, Theorie der Sprache und Geschichte. Im Kreis um Sokrates soll er der erste gewesen sein, der sich die sophistische Praxis zu eigen machte, gegen Bezahlung zu unterrichten. Er soll die Schule der Kyrenaiker gegründet haben, die im vierten und dritten Jahrhundert v. Chr. einflußreich war. Da jedoch alle uns überlieferten Informationen über die Kyrenaischen Lehren aus der Zeit nach der Gründung der Schule stammen, gibt es keinen Hinweis darauf, ob irgendeine ihrer Lehren von Aristipp selbst vertreten wurde. Die wesentlichen Thesen der Schule waren im Bereich der Ethik, die sinnlich wahrgenommene Lust des gegenwärtigen Moments sei das höchste Gut, und im Bereich der Erkenntnistheorie, die einzigen Dinge, die gewußt werden könnten, seien die momentanen Sinneseindrücke. Diese beiden Thesen sind durch die skeptischen Implikationen der letzteren verbunden: Vergangenheit und Zukunft sind gleichermaßen unzugänglich; demnach muß das rationale Ziel in einem Element der gegenwärtigen Erfahrung liegen. Die Behauptung, dieses Element bestehe in der Lust, wurde durch das Argument begründet, alle Lebewesen würden Lust suchen und Schmerz meiden. Ausgehend von der skeptischen Argumentation verwarfen die Kyrenaiker die These, das höchste Gut sei die *eudaimonia*. Der Begriff der *eudaimonia* beinhaltet eine Betrachtung des Lebens als ganzem, doch eine solche Betrachtung ist angesichts der Unerkennbarkeit von allem außer dem momentan Gegenwärtigen unmöglich. Somit sollte das Ziel des weisen Menschen nicht die *eudaimonia* sein, sondern die Lust des Augenblicks.

Es ist schwierig, in diesen Lehren die Spuren von Sokrates zu entdecken. Die Lehre, das höchste Gut bestehe in der Lust des Moments, ist näher an den Ansichten des Kallikles als an denen von Sokrates, und auch wenn einige spätere Skeptiker Sokrates als ihren Vorfahren in Anspruch nahmen, geschah dies nicht aufgrund der These, die einzig erkennbaren Dinge seien die gegenwärtigen Sinneseindrücke, die eine Version von der im *Theaitetos* kritisierten Position des Protagoras darstellt. Ein Bericht zu den Ansichten des Aristipp bei Eusebius deutet dagegen etwas an, was näher an erkennbar Sokratischen Positionen ist. Nach diesem Bericht soll Aristipp gelehrt haben, Lust solle angestrebt werden, aber nur unter der Bedingung, daß dabei die Selbstbeherrschung nicht gefährdet werde, die aus Erziehung, Selbsterkenntnis, Studium und Standfestigkeit (*karteria*; ein Schlüsselbegriff der asketischen Moral des Antisthenes) entsteht. Demnach ist anzunehmen, daß die Lehre von der momentanen Lust als höchstem Gut eine Position darstellt, die erst nach der Zeit des Aristipp in der Schule entwickelt wurde, als der Einfluß der skeptischen Lehren größer geworden war.

Der größte Teil der biographischen Berichte zu Aristipp betrifft seine luxuriöse Lebensweise. In diesem Licht wird er in Xenophons *Memorabilia* gezeigt, wo Sokrates ihn durch die Erzählung von Prodikos' Fabel über die Wahl des Herakles ermahnt (2.1). Die Moral der Geschichte entspricht im weiteren Sinne Antisthenes' Ansichten, nach denen ein einfaches und entbehrungsreiches Leben auf lange Sicht mehr Lust mit sich bringt als ein Leben im Luxus. Es wird an langfristige Überlegungen appelliert, und es findet sich kein Hinweis darauf, daß Aristipp irgendwelche theoretischen Gründe für eine Zurückweisung dieses Appells hätte. Wir können also annehmen, daß der Kontrast zwischen Antisthenes und Aristipp möglicherweise nicht in einem extremen Gegensatz in der Lehre bestand, sondern eher eine Sache des Temperaments war. Antisthenes wurde von den asketischen Elementen der Sokratischen Lebensweise angezogen, Aristipp dagegen hatte vielleicht den Eindruck, daß die Sokratischen Ideale der Selbsterkenntnis und Selbstbeherrschung auch mit einem weniger harten Lebensstil vereinbar sein könnten. Es ist wichtig, auch die weniger strengen Aspekte der Figur des Sokrates im Gedächtnis zu behalten, wie etwa seine ungewöhnliche Fähigkeit, Speisen und Getränke zu genießen (Platon, *Symp.* 220a), oder das ihm nachgesagte erotische Moment. Der hedonistische Sokrates des *Protagoras* könnte von manchen als eine Darstellung seiner wirklichen Ansichten betrachtet worden sein. Das wird auch von dem oben erwähnten Kölner Papyrus nahegelegt, wo Sokrates zu denen gezählt wird, die Lust für das beste Ziel im Leben halten. Es ist bemerkenswert (und wird von Augustinus in *Der Gottesstaat* 8.3. kommentiert), daß die Figur des Sokrates so schillernd war, daß zwei derart entgegengesetzte Lebensweisen wie die des Antisthenes und des Aristipp jeweils in gewissen Hinsichten als sokratisch gelten konnten.

Aus der Verbindung, die über Antisthenes zwischen Sokrates und den Kynikern bestand, wurde eine Verbindung zu den Stoikern, die sich selbst als Erben sowohl der Kyniker wie auch des Sokrates betrachteten. Die Abfolge der Leiter der Schulen, wie sie von hellenistischen Geschichtsschreibern berichtet wird (und in der Anordnung der Biographien in DL 6–7 angesetzt wird), verläuft von Antisthenes über Diogenes von Sinope (der als ein „verrückt gewordener Sokrates" beschrieben wird [DL 6.54]) und Krates bis zu Zenon von Kitium, dem Gründer der Stoa. Zenon soll durch die Lektüre von Xenophons *Memorabilia* während eines Aufenthalts in Athen zur Philosophie gekommen sein. Auf die Frage, wo er jemanden wie Sokrates finden könnte, soll er den Rat bekommen haben, sich dem Krates anzuschließen. Von den Kynikern übernahmen die Stoiker die zentrale Lehre vom Leben im Einklang mit der Natur als höchstes Gut. Dabei war es jedoch eher Sokrates als die Kyniker selbst, bei dem sie zu finden glaubten, worin das Leben im Einklang mit der Natur besteht. Für die Stoiker war das Leben nach der Natur das für jede Art von Lebewesen jeweils angemessene Leben, wodurch es in der vollkommenen Ordnung der Natur als ganzer seinen Platz einnehmen konnte. Menschen sind rationale Wesen, und demnach ist für Menschen das Leben nach der Natur das Leben nach der Vernunft. Da es in der menschlichen Seele keinen Unterschied zwischen rationalen und irrationalen

Elementen gibt, gibt es keinen Unterschied zwischen moralischer Tugend und Rationalität. Die Stoiker akzeptierten somit die Kernstücke der Sokratischen Ethik: Tugend ist Wissen, und Tugend ist hinreichend für die *eudaimonia*. Die Lehre aus dem *Menon* und *Euthydemos*, Tugend (d. h. Wissen) sei das einzig uneingeschränkt Gute, interpretierten sie in dem Sinn, daß die Tugend das einzige Gut ist, während alles andere „indifferent", d. h. weder gut noch schlecht ist. Ariston, ein Nachfolger von Zenon, vertrat die These von der Einheit der Tugenden: Die Namen der unterschiedlichen Tugenden seien jeweils Charakterisierungen des Wissens von gut und schlecht, ihr Gebrauch richte sich nach den Umständen, in denen dieses Wissen zur Anwendung komme.

Die Stoiker vertraten also die beiden Lehren, von denen wir gesehen haben, daß sie in der Sokratischen Ethik in eine Sackgasse führten, – daß Tugend Wissen (des Guten) ist und daß Tugend das einzige Gut ist. Ihre Kritiker machten sie umgehend darauf aufmerksam, daß auch für sie kein Ausweg offen sei. Plutarch behauptet (*De communibus notitiis* 1072b), wenn man sie frage, was das Gute sei, würden sie sagen: „Nichts außer Einsicht", und wenn man sie frage, was Einsicht sei: „Nichts als die Kenntnis des Guten." Er bezieht sich dabei direkt auf die Passage aus dem *Euthydemos* (292e), in dem die Schwierigkeit ursprünglich formuliert worden war. Doch ihre Lehre, menschliche Tugend bestehe in der Übereinstimmung mit der vollkommenen Ordnung der Natur, bietet den Stoikern eine Lösung. Menschliche Tugend besteht tatsächlich in der Kenntnis des Guten, aber sie ist dadurch nicht ein Wissen allein von der menschlichen Tugend, also von sich selbst. Sie besteht in der Kenntnis des Guten im Universum, die erlangt werden kann, wenn in der Seele eine vollkommene Rationalität waltet. Dann ist der Mensch im Einklang mit dem Guten im Universum. Doch nun scheint es, als wäre die Schwierigkeit nur verschoben. Denn Rationalität muß darin bestehen, daß man die richtigen Entscheidungen trifft, d. h. das Gute dem Schlechten vorzieht, und wenn nichts außer Tugend und Laster gut bzw. schlecht ist, haben wir letztlich keine weiterführende Bestimmung dessen, was die Tugend ist. Dieses Problem hat die Stoiker beschäftigt; einige von ihnen versuchten in der Einteilung der „indifferenten" Dinge in „willkommene indifferente" wie Gesundheit und „nicht willkommene indifferente" Dinge wie Krankheit eine Lösung zu finden. Keine Art des Indifferenten ist besser oder schlechter als die andere, doch die Natur bewegt uns dazu, die willkommenen Dinge zu erstreben und die nicht willkommenen zu meiden, und die Tugend besteht darin, entsprechend diesen natürlichen Impulsen die richtigen Entscheidungen zu fällen. Kritiker wie Plutarch (*Über die Widersprüche der Stoiker* 1047–8) behaupteten, daß die Stoiker durch dieses Manöver widersinnigerweise versuchten, gleichzeitig auf ihrer Position zu beharren und sie zu modifizieren: Die Wahl unter den indifferenten Dingen sei bei den Stoikern sowohl eine Sache von großer Bedeutung als auch eine völlig unbedeutende Sache. Die vielen faszinierenden Fragen, die damit verbunden sind, können hier nicht weiterverfolgt werden.

Die Annahme, daß die menschliche Tugend von der rationalen Ordnung des Universums abhängt, stellte eine spezielle Schwierigkeit für die stoische Bezugnahme auf Sokrates dar. Denn hier wird dem Wissen von der Natur Priorität über das ethische Wissen gegeben, während Sokrates berühmt dafür war, die Beschäftigung mit der Naturphilosophie abgelehnt und sich auf die Auseinandersetzung mit der Ethik beschränkt zu haben (Xen. *Mem.* 1.1.16, Aristoteles *Metaphysik* 987^b 1–2). Es ist den Stoikern jedoch gelungen, in Xenophons *Memorabilia* Stellen zu finden, in denen Sokrates moralische Schlüsse aus allgemeinen Überlegungen über die Natur zieht. In 1.4 versucht Sokrates, den Atheist Aristodemos zu bekehren, indem er die Existenz der Götter und ihre Sorge um die Menschen aus der wunderbar zweckmäßigen Gestaltung des menschlichen Körpers herleitet. Im Verlauf dieser Diskussion argumentiert er, die menschliche Intelligenz müsse Teil einer größeren Intelligenz sein, die die Welt durchdringt, ganz so wie die physischen Elemente, aus denen der menschliche Körper besteht,

Teil der größeren Totalität dieser Elemente sind. Später sagt er, die Intelligenz im Universum organisiere alles so, wie es ihr am besten gefalle, und daß das Göttliche alles sehe und höre, überall sei, und sich zu jeder Zeit um alles kümmere. Hier klingt ohne Frage bereits das stoische Bild des Kosmos als göttliches, intelligentes und sich selbst organisierendes Lebewesen an. Sowohl Cicero (*De Natura Deorum* 2.6.18) als auch Sextus Empiricus (*Adversus Mathematicos* 9.92–104) beziehen sich explizit auf diese Xenophon-Stelle als eine Quelle des stoischen Arguments für die kosmische Rationalität. (Ein ähnliches Argument findet sich in *Memorabilia* 4.3, wo betont wird, wie die Sorge der Götter für die Menschen darin zum Ausdruck komme, daß sie ihnen Intelligenz und Sprache verliehen haben.) Eine andere Stelle in den *Memorabilia*, an der die stoische Lehre in frappierender Weise vorweggenommen wird, ist 4.4, wo Sokrates und Hippias darin übereinkommen, es gebe einige universelle, ungeschriebene moralische Gesetze, zum Beispiel, daß man die Götter anbeten und seine Eltern ehren solle. Diese Gesetze seien nicht durch menschliche Übereinkunft entstanden wie die Gesetze einzelner Gemeinschaften, sondern für alle Menschen von den Göttern festgelegt, und sie würden durch unentrinnbare Strafen sanktioniert. Eine stoische Parallele, die diesem Text bis in die Einzelheiten ähnelt (so sehr, daß eine Wiedergabe in eigenen Worten für möglich gehalten werden kann), findet sich in Ciceros *Republik* 3.33.

Nach dem Bericht des Epikureers Philodemos aus dem ersten Jahrhundert v. Chr. wollten die Stoiker Sokratiker genannt werden. Sokrates blieb in der gesamten Geschichte des Stoizismus eine Verkörperung des Weisen. Seine Hinnahme des Todes galt als beispielhaft dafür, wie der Weise sich dem Tod gegenüber verhalten sollte, was sich in Beschreibungen berühmter Selbstmorde von Stoikern, z. B. bei Seneca, niederschlägt. Für Epiktet, der im ersten und zweiten Jahrhundert n. Chr. schreibt, war er der Weise *par excellence*. Er beschreibt seinen Einfluß zusammenfassend so: „Jetzt, da Sokrates tot ist, ist das Andenken daran, was er zu seinen

Lebzeiten getan oder gesagt hat, nicht weniger, und möglicherweise sogar in stärkerer Weise von Nutzen für die Menschen." (*Dissertationes* 4.1.169).

*

In der Antike gibt es im wesentlichen zwei Traditionen des philosophischen Skeptizismus, die der Pyrrhoneer und die der Akademiker. Erstere sahen in Pyrrhon von Elis aus dem vierten Jahrhundert ihren philosophischen Ahnherrn, der wie Sokrates selbst nichts geschrieben hat und so eine etwas schwierig zu fassende Figur ist. Es gibt keine Hinweise darauf, daß Anhänger dieser Schule Sokrates als Skeptiker ansahen. In den Werken des Sextus Empiricus, der unsere wichtigste Quelle zur pyrrhonischen Skepsis ist, wird Sokrates beinahe durchweg zu den Dogmatikern gezählt, d.h. zu den Philosophen, die positive Lehren vertreten haben, statt sich gemäß der skeptischen Empfehlung in allen Fragen des Urteils zu enthalten. Nur an einer Stelle (*Adversus Mathematicos* 7.264) heißt es von Sokrates, er habe sich des Urteils enthalten. Sextus bezieht sich hier auf Sokrates' ironische Äußerung in *Phaidros* 230a, er sei so weit von der Selbsterkenntnis entfernt, daß er nicht wisse, ob er ein Mensch sei oder ein vielköpfiges Ungeheuer. Bei den Akademikern finden wir eine andere Situation. Die Akademie war Platons eigene Schule; unter der Leitung von Arkesilaos kaum mehr als ein Jahrhundert nach ihrer Gründung wurde sie skeptisch. Sie blieb für mehr als zweihundert Jahre eine skeptische Schule, bis sie unter Antiochos von Askalon zum Dogmatismus zurückkehrte. Arkesilaos behauptete, daß er in der Annahme des Skeptizismus dem Geist von Sokrates und Platon treu bleibe, deren philosophische Praxis seiner Ansicht nach skeptisch, nicht dogmatisch war.

Cicero, unsere wichtigste Quelle, macht deutlich, daß Arkesilaos Sokrates' argumentative Praxis als rein negativ und *ad hominem* betrachtete. Er selbst habe keine Lehren vertreten, sondern nur andere gefragt, was sie denken, und gegen sie argumentiert. In den Dialogen finden sich tatsächlich viele Situationen, in denen Sokrates' Gesprächspartner dadurch, daß die Widersprüchlichkeit ihrer Überzeugungen deutlich wird, in eine ausweglose Lage geraten. Arkesilaos interpretierte diese Ergebnisse als Bestätigungen für die allgemeine skeptische These, es gebe nichts, was die Sinne oder der Verstand als gewiß erfassen könnten (*De Oratore* 3.67; vgl. *De Finibus* 2.2, 5.10). Er schrieb Sokrates die paradoxe Position zu, er wisse nichts, mit Ausnahme davon, daß er nichts wisse (*Academica* 1.45; vgl. 2.74), und kritisierte ihn dahingehend, er hätte nicht einmal behaupten sollen, dieses eine zu wissen.

Die vorangegangene Diskussion dürfte deutlich gemacht haben, daß Arkesilaos' Sicht von Sokrates zwar echte Elemente seiner argumentativen Praxis herausgreift, aber in unangemessener Weise selektiv ist. In seinem Bekenntnis zur Unwissenheit streitet Sokrates ab, im Besitz von Weisheit oder Expertentum zu sein, was vereinbar damit ist, daß er (a) manche Dinge in einer nicht-fachmännischen Art weiß und daß (b) andere in manchen Dingen ein Expertenwissen haben. Er behauptet weder, daß er nichts weiß, noch behauptet er, er wisse, daß er nichts weiß. Aus den negativen Ausgängen seiner Unterredungen mit anderen leitet er an keiner Stelle die universelle These ab, es gebe nichts, was die Sinne oder der Verstand mit Sicherheit erkennen könnten. Ganz im Gegenteil setzt er Wissen mit dem Guten gleich und betrachtet die negativen Ergebnisse seiner Untersuchungen als Antrieb für die Fortsetzung der Suche nach dem Guten. Natürlich kann der Skeptiker erklären, die Suche nach Wissen sei nicht unvereinbar mit dem Skeptizismus. Ein *skeptikos* ist ein Suchender; der Skeptiker sucht fortwährend nach Wissen, das sich ihm jedoch ständig entzieht. Aber trotz der Behauptung, sich in einer fortdauernden Suche nach Erkenntnis zu befinden, ist der Skeptiker doch auf einen allgemeinen Pessimismus bezüglich der menschlichen Fähigkeit, diese zu erlangen, festgelegt. In Arkesilaos' Formulierung: „Es gibt nichts, das vom Denken oder den Sinnen mit Sicherheit erkannt werden *kann"* [Hervorhebung durch den Autor]. Es ist nicht nur so, daß jede Untersuchung, die er bisher unternommen hat, nicht zur Gewißheit geführt hat. Der Skeptiker nimmt im vorhinein an, daß das Ergebnis in jedem Fall so aussehen würde, und verfügt über eine Reihe von allgemeinen Strategien wie z. B. den Verweis auf einander widersprechende Erscheinungen oder Argumente, durch die er zeigt, daß dies zwangsläufig so ist. Von diesem Pessimismus findet sich in Platons Porträt des Sokrates keine Spur.

Nicht alle späteren Philosophen hatten ein positives Bild von Sokrates. Einige von Aristoteles' Nachfolgern waren eher feindselig, allen voran Aristoxenos, dessen böswillige Biographie die Quelle für die Geschichte von Sokrates' Bigamie ist und eine Gegendarstellung des Stoikers Panaitios herausgefordert hat. Die stärkste Feindseligkeit brachten ihm die Epikureer entgegen. Gemäß ihrer Tradition beleidigender Angriffe auf nicht-epikureische Philosophen äußerten sich manche Epikureer in unverschämter Weise über Sokrates. Einige Bemerkungen von Kolotes, die Plutarch zitiert, sind hier typisch. Er beschreibt die Geschichte von dem Orakel, das Chairephon erhält, als „völlig billige und sophistische Erzählung" (*Gegen Kolotes* 1116e–f), und Sokrates' Argumente als reine Angabe und Quacksalberei *(alazonas)*, weil sie nicht zu dem passen würden, was er tatsächlich getan habe (1117d; Kolotes bezieht sich hier wahrscheinlich auf Fälle, in denen Sokrates ironisch Bewunderung für seine Gesprächspartner ausdrückt). Insofern die Epikureer sowohl die Stoiker als auch die akademischen Skeptiker als philosophische Konkurrenten betrachteten, ist anzunehmen, daß die epikureische Feindseligkeit gegen Sokrates sich teilweise aus der Rolle erklärt, die ihm diese Schulen zuschrieben.

Die Tendenz, Sokrates als Vorläufer in Anspruch zu nehmen, beschränkte sich nicht auf die heidnischen Philosophen. Im zweiten Jahrhundert n. Chr. zitierte der christliche Apologet Justin in der Entgegnung auf den Atheismusvorwurf gegen die Christen Sokrates als Beispiel. Er argumentierte, Sokrates sei wie die Christen des Atheismus beschuldigt worden, weil er die Fabeln von den Olympischen Göttern abgelehnt und die Verehrung des einen wahren Gottes gefordert habe. Sokrates hätte also ein partielles Wissen von der kommenden Offenbarung durch Christus gehabt; denn wenn die Philosophen auch durch ihre begrenzte Einsicht in die Wahrheit selbst für ihre Irrtümer und Widersprüchlichkeiten verantwortlich sind – „alles, was von ihnen gut gesagt worden ist, gehört uns Christen".

Mittelalterliche und moderne Philosophie

Die Christianisierung des Sokrates, die Justin so eindrucksvoll formuliert, war nicht der Anfang einer kontinuierlichen Tradition. Obwohl Augustinus so stark von Platon beeinflußt war, daß er darüber spekulierte, ob dieser die Schriften des Alten Testaments gekannt haben könnte, folgte er Justin nicht in dessen Vereinnahmung von Sokrates für das Christentum. Während einige christliche Autoren Sokrates als einen guten Mann loben, der ungerecht zum Tode verurteilt wurde, beziehen sich die meisten, die ihn erwähnen, kritisch auf seinen „Götzendienst", wobei sie sein göttliches Zeichen (das von einigen – unter ihnen Tertullian – als Einflüsterung eines Dämons gedeutet wird) sowie sein Opfer an Asklepios, seine Schwüre „bei dem Hund" und ähnliches zitieren. Dort, wo die Platonische Tradition im frühen Mittelalter ihre Vitalität behielt, beschäftigte sie sich vornehmlich mit den späten Platonischen Werken, insbesondere dem *Timaios*, in dem die Persönlichkeit des Sokrates eine unbedeutende Rolle spielt. Vom zwölften Jahrhundert an wurde Platons Einfluß im Westen weitgehend von der Beschäftigung mit Aristoteles verdrängt. Die wichtigsten mittelalterlichen Philosophen zeigen nur ein geringes oder gar kein Interesse an Sokrates. Vor dem erneuten Aufkommen des Platonismus im späten 15. Jahrhundert findet Sokrates kein nennenswertes Interesse. Im Rahmen des neuplatonischen Progamms, den Platonismus als allegorischen Ausdruck der christlichen Wahrheit zu interpretieren, zieht der Florentiner Marsilio Ficino detaillierte Parallelen zwischen den Verfahren gegen Sokrates und Jesus und dem Tod beider. Diese Tradition wurde von Erasmus durch einen Vergleich zwischen Jesus im Garten Gethsemane und Sokrates in seiner Gefängniszelle fortgesetzt (einer seiner Dialoge enthält die Formulierung „Heiliger Sokrates, bete für uns"). (Diese Tradition wurde im 18. Jahrhundert unter anderem von Diderot und Rousseau sowie von verschiedenen Autoren im 19. Jahrhundert fortgeführt, wobei jeder von ihnen die Parallelität auf seine eigenen religiösen Vorstellungen hin ausgestaltet.) Wie in der Welt der Antike konnte die Figur des Sokrates von konkurrierenden Ideologien in einer jeweils anders akzentuierten Deutung in Anspruch genommen werden. Für Montaigne war Sokrates im 16. Jahrhundert nicht eine Christus-Figur, sondern das Paradigma natürlicher Tugend und Weisheit; die übernatürlichen Elemente des antiken Bildes, vor allem das göttliche Zeichen, mußten naturalistisch umgedeutet werden. Das Zeichen war nach dieser Sicht möglicherweise die Fähigkeit zur instinktiven, unbegründeten Entscheidung, die durch Sokrates' feste Handlungsdispositionen der Weisheit und Tugend erleichtert wurde. Das Aufkommen einer rationalistischen Auffassung der Religion im 17. und 18. Jahrhundert, die den Glauben an Offenbarung und verbunden damit den Fanatismus, mit dem über sie debattiert wurde, zurückwies, machte es möglich, Sokrates als Märtyrer der rationalen Religion zu sehen, der in den Händen von Fanatikern zu Tode kam. In diesem Geist schrieb Voltaire ein Stück über Sokrates' Tod, und der Deist John Toland komponierte eine Liturgie für den Gottesdienst in einer „Sokratischen Gemeinschaft", die eine Litanei enthält, in der ähnlich wie bei Erasmus der Name des Sokrates angerufen wird.

Wie in der Welt der Antike gab es auch jetzt abweichende Stimmen. Einige Autoren kritisierten Sokrates moralisch, indem sie auf seine homosexuellen Tendenzen und seine Vernachlässigung von Frau und Kindern verwiesen. Für manche, unter ihnen Voltaire, stellte das göttliche Zeichen ein bedauerliches Element des Aberglaubens dar. Im 18. Jahrundert entstanden die ersten modernen Schriften, die die These aufgreifen, die Anklagepunkte gegen Sokrates seien politisch gewesen, und seine Verurteilung mit dem Verweis auf seine feindliche Einstellung zur Athenischen Demokratie und seinen Umgang mit Kritias und Alkibiades verteidigen. (Diese Interpretation gibt es bis heute; das aktuellste Beispiel ist das vielgelesene Buch *Der Prozeß gegen Sokrates* von I. F. Stone.) Darüber hinaus wiesen einige Autoren mit orthodoxen christlichen Ansichten die Parallelen zwischen Sokrates und Jesus zurück. Sie argumentierten mit den bereits erwähnten Vorwürfen des Aberglaubens und der Unmoral sowie damit, daß Sokrates Selbstmord begangen habe.

Für dieses Muster der Aneignung des Sokrates durch eine fremde Kultur finden sich Parallelen in der mittelalterlichen arabischen Literatur. Neben Platon und Aristoteles ist Sokrates der Philosoph, auf den sich die arabischen Autoren am häufigsten beziehen. Seine Figur fand nicht nur bei Philosophen, sondern auch bei Dichtern, Theologen, Mystikern und anderen Gelehrten Interesse. Dieses gründete sich nicht auf eine breite Kenntnis der relevanten griechischen Texte. Während Schriften, die sich mit Sokrates' Tod beschäftigen, insbesondere Platons *Phaidon* und *Kriton*, weithin bekannt waren, gibt es kaum Belege für eine breitere Kenntnis der Platonischen Dialoge und überhaupt keine Hinweise auf Kenntnisse der übrigen Sokratischen Literatur. Statt dessen wurden viele Anekdoten mit Aussprüchen des Sokrates überliefert, wie sie sich bei Diogenes Laertius und anderen biographischen und moralisierenden Autoren finden. Diese Tradition zeigt Sokrates als einen Weisen, als eine der „Sieben Säulen der Weisheit" (d. h. als einen der Weisen), ein moralisches Vorbild, eine Quelle der Weisheit in allen Fragen – Fragen zur Menschheit, der Welt, der Zeit und vor allem zu Gott.

Sokrates wird durchweg als jemand gezeigt, der eine im Detail ausgearbeitete und neu-platonische monotheistische Theologie vertritt. Seine Verurteilung und sein Tod werden seinem Glauben an den einen wahren Gott zugeschrieben, dem er unbeirrbar anhängt und den er dem Irrglauben der Götzendiener entgegenhält. So kann er als ein Vorläufer der islamischen Weisen angesehen (ähnlich wie er im Westen als ein Vorläufer der Christen betrachtet wurde) und auf eine Art beschrieben werden, die ihn in eine große Nähe zu Figuren bringt, die wie Abraham, Jesus und der Prophet selbst im Islam verehrt werden. Einige Schriften stellen ihn als Asketen dar, und es ist offensichtlich, daß sein Bild mit dem der Kyniker, insbesondere dem des Diogenes, vermischt wird. Teilweise wird sogar berichtet, er habe in einer Tonne gelebt und Alexander dem Großen gesagt, er solle aus der Sonne treten, in deren Licht er sich gerade bade. In anderen Schriften ist er der Vater der Alchemie und wiederum in anderen ein Pionier in den Gebieten der Logik, Mathematik und Physik. Wie im Westen wurde auch hier das im allgemeinen von Ehrerbietung geprägte Bild des Sokrates von einigen orthodoxen Gläubigen aus religiösen Gründen in Frage gestellt (z. B. durch den Theologen al-Ghazali aus dem elften bzw. zwölften Jahrhundert), die Sokrates als Vater der Häresie, als Bedrohung des Islam und sogar als Atheisten bezeichneten.[9]

Die Tradition, die Figur des Sokrates den allgemeinen Überzeugungen des Autors anzupassen, ist auch in seiner Behandlung durch drei wichtige Philosophen des 19. Jahrhunderts erkennbar – Hegel, Kierkegaard und Nietzsche. In seinen *Vorlesungen über die Geschichte der Philosophie*, die er zuerst in den Jahren 1805–6 gehalten hat, sieht Hegel Sokrates' Verurteilung als tragischen Zusammenstoß von zwei moralischen Standpunkten, die beide gerechtfertigt sind und somit beide notwendige Stufen des dialek-

---

[9] Weitere Informationen finden sich bei I. Alon, *Socrates in Mediaeval Arabic Literature* (Leiden und Jerusalem, 1991).

tischen Prozesses sind, durch den der Weltgeist sich selbst bis zu seiner höchsten Entwicklung realisiert. Vor Sokrates waren die Athener in spontaner und unreflektierter Weise den Vorschriften der objektiven Moral (Sittlichkeit) gefolgt. Indem er die moralischen Überzeugungen der Leute kritisch untersucht, verwandelt Sokrates die Moral in etwas Individuelles und Reflektiertes (Moralität). Diese neue Moral fordert, daß ihre Prinzipien der Prüfung durch die kritische Reflexion des Individuums standhalten. Da Sokrates jedoch nicht fähig war, eine positive Theorie des Guten zu formulieren, bewirkt diese kritische Reflexion nur, daß die Autorität der Sittlichkeit unterminiert wird. Die kritische Reflexion zeigt, daß die ausnahmslos geltenden moralischen Gesetze der Sittlichkeit eben doch Ausnahmen zulassen. Durch den Mangel an einem klaren Kriterium steht dem Individuum jedoch kein Maßstab außer einer inneren Erleuchtung oder dem Gewissen zur Verfügung, durch den sich ermitteln ließe, was in konkreten Situationen richtig ist. Im Fall des Sokrates besteht dieser Maßstab in seinem göttlichen Zeichen.

Sokrates' Berufung auf sein Gewissen ist somit ein Verweis auf eine Autorität, die über dem kollektiven moralischen Sinn der Leute steht, und dies können die Menschen nicht zulassen:

„Der Geist des atheniensischen Volks an sich, seine Verfassung, sein ganzes Bestehen beruhte auf dem Sittlichen, auf der Religion, auf dem, was an und für sich, ein Festes, Bestehendes. Sokrates legt nun das, was das Wahre ist, in das Entscheiden des inneren Bewußtseins; dies Prinzip lehrte er, brachte er in ein lebendiges Verhältnis. Und so ist er in einen Gegesatz zu dem Rechten und Wahren des atheniensischen Volks getreten; er ist so mit Recht angeklagt..."[10]

---

[10] G. W. F. Hegel, Werke [in 20 Bänden], Band 18, Vorlesungen über die Geschichte der Philosophie I, Frankfurt a. M. 1996, 497.

Der Zusammenstoß des individuellen Gewissens mit dem Staat war also unausweichlich, insofern beide notwendigerweise die höchste moralische Autorität beanspruchen. Er ist zudem tragisch, insofern beide Seiten recht haben:

> „Im wahrhaft Tragischen müssen berechtigte, sittliche Mächte von beiden Seiten es sein, die in Kollision kommen; so ist das Schicksal des Sokrates. (…) Es sind hier zwei Mächte, die gegeneinander auftreten. Die eine Macht ist das göttliche Recht, die unbefangene Sitte, – Tugend, die Religion, welche identisch mit dem Willen sind, in seinen Gesetzen frei, edel, sittlich zu leben; wir können es abstrakterweise die objektive Freiheit nennen (…). Das andere Prinzip ist dagegen das ebenso göttliche Recht des Bewußtseins, das Recht des Wissens (der subjektiven Freiheit); das ist die Frucht des Baums der Erkenntnis des Guten und des Bösen, der Erkenntnis, d. i. der Vernunft, aus sich, – das allgemeine Prinzip der Philosophie für alle folgenden Zeiten. Diese zwei Prinzipien sind es, die wir im Leben und in der Philosophie des Sokrates gegeneinander in Kollision treten sehen."
> (*Vorlesungen über die Geschichte der Philosophie I*, S. 447)

Die Situation ist tragisch, da sowohl die kollektive Moralität der Menschen als auch das individuelle Gewissen Forderungen an das Individuum stellen, die gerechtfertigt und unausweichlich, aber unvereinbar sind. Die einzige Lösung besteht in der Weiterentwicklung der Menschheit auf eine Stufe, auf der diese Forderungen notwendig in eins fallen. Der einzelne Nonkonformist wie Sokrates unterliegt; aber seine Niederlage führt zum Triumph der kritischen Aktivität des Weltgeistes, den diese „falsche Individualität" unvollkommen repräsentiert hat:

> „Die unrichtige Form der Individualität wird abgestreift, und auf gewaltsame Weise, als Strafe. Das Prinzip wird später zu seiner wahrhaften Gestalt sich erheben. Die wahrhafte Weise die-

ses Prinzips ist die allgemeine Weise, wie es nachher auftrat; das Unrecht, was so vorhanden war, war dies, daß das Prinzip nur als Eigentum eines Individuums auftrat. Die Wahrheit des Prinzips ist, als Gestalt des Weltgeists aufzutreten, als allgemeines." (*Vorlesungen über die Geschichte der Philosophie I*, S. 512)

Es scheint somit, daß Sokrates' Verurteilung aus dem Zusammenprall der legitimen Forderungen der kollektiven und der individuellen Moral (Sittlichkeit und Moralität) entsteht. Dieser Zusammenprall macht eine Stufe in der menschlichen Entwicklung sichtbar, in der das Kollektive und das Individuelle getrennt und damit potentiell im Widerstreit miteinander sind. Diese Stufe muß durch eine höhere Entwicklungsstufe abgelöst werden, in der das Individuum und die Gemeinschaft in irgendeiner Weise identisch sind, nicht indem das eine sich dem anderen unterordnet oder indem das Individuelle in das Kollektive einmündet, sondern durch die Entwicklung einer höheren Form der Individualität, in der Individualität durch ihre Rolle im Kollektiven konstituiert wird.

Kierkegaard diskutiert Sokrates ausführlich in einem seiner frühesten Werke, *Der Begriff der Ironie, mit kontinuierlichem Bezug auf Sokrates*. Es handelt sich um seine Magisterarbeit, die 1841 an der Universität von Kopenhagen eingereicht wurde, kurz vor der entscheidenden Krise seines Lebens, dem Bruch seiner Verlobung mit Regine Olsen. (Die Berichte der Prüfer sind in den Archiven der Universität verwahrt; sie liefern ein amüsantes Bild der Probleme, die die akademische Welt im Umgang mit einem eigensinnigen Talent hat.) Seine Auseinandersetzung mit Sokrates ist hegelianisch: Für ihn steht Sokrates – wie für Hegel – an einem Wendepunkt der Weltgeschichte, an dem der Weltgeist sich einer höheren Entwicklungsstufe nähert, und auch für ihn fordert dieser Durchbruch das Opfer des Individuums. „Ein Individuum vermag zu gleicher Zeit welthistorisch berechtigt und doch unbefugt zu sein. Sofern der einzelne Mensch Letzteres ist, muß er ein Opfer werden, sofern er Ersteres ist, muß er siegen, will heißen, muß er dadurch siegen, daß er ein Opfer wird." (*Der Begriff der Ironie*, S. 264).[11] Wie für Hegel besteht für Kierkegaard die Rolle des Sokrates darin, die griechische Moral in eine höhere Entwicklungsstufe zu überführen. Neu an seiner Abhandlung ist die Ausweisung der Ironie als das Mittel, durch das diese Verwandlung der Moral bewerkstelligt werden sollte. Das klassische Griechentum hatte sich selbst überlebt. Aber bevor ein neues Prinzip auftreten konnte, mußten erst alle falschen Vorstellungen der veralteten Moral beseitigt werden. Hierin bestand Sokrates' Rolle, und Ironie war die Waffe, deren er sich bediente:

> „Die Ironie aber ist wiederum der Flamberg, das zweischneidige Schwert, das Sokrates als ein Mordengel über Griechenland schwang (…). Die Ironie aber ist gerade ein Reizmittel für die Subjektivität, und die Ironie ist in Sokrates eine in Wahrheit weltgeschichtliche Leidenschaft. In Sokrates findet eine Entwicklungsgeschichte ihr Ende, und mit ihm hebt eine neue an. Er ist die letzte klassische Gestalt; aber diese seine Gediegenheit und natürliche Fülle zehrt er auf in dem Götzendienst, mit welchem er die Klassizität zerstört." (*Der Begriff der Ironie*, S. 217–8)

Unter Ironie versteht Kierkegaard nicht das Vorgeben von Unwissenheit oder den gestellten Respekt vor anderen. Der Begriff der Ironie erhält eine spezifische Bedeutung, die Kierkegaard von Hegel übernimmt, als „unbegrenzte, absolute Negativität". Aus ihr ergibt sich in einem dialektischen Prozeß die Ablösung der niedrigeren Stufe zugunsten der höheren. Kierkegaard verwendet

---

[11] Dieses und die folgenden Kierkegaard-Zitate werden angegeben nach: Sören Kierkegaard, Gesammelte Werke, Hg. von Emanuel Hirsch und Hayo Gerdes, Abt. 31 (*Der Begriff der Ironie*) und Abt. 16 (*Abschließende unwissenschaftliche Nachschrift*), 1991².

das Beispiel der Ablösung des Judaismus durch das Christentum, in dem Johannes der Täufer die Sokrates entsprechende ‚ironische‘ Rolle hat: „Johannes ließ also das Judentum bestehen und entwickelte in ihm zugleich den Keim des Untergangs" (*Der Begriff der Ironie*, S. 268). Zwischen Sokrates und Johannes habe jedoch ein entscheidender Unterschied bestanden, da letzterem das Bewußtsein seiner Ironie fehlte:

> „Soll aber die ironische Formation völlig entwickelt sein, so ist dazu erforderlich, daß das Subjekt zugleich seiner Ironie sich bewußt werde, sich in seinem Verurteilen der gegebenen Wirklichkeit negativ frei fühle und diese negative Freiheit genieße." (*Der Begriff der Ironie*, S. 268)

Diese Bedingungen erfüllte Sokrates, der als erster Ironie als eine „Qualifikation der Subjektivität" besaß:

> „Indes, ist die Ironie eine Bestimmung der Subjektivität, so muß sie sich auch da zeigen, wo die Subjektivität zum ersten Male weltgeschichtlich in Erscheinung tritt. *Die Ironie* ist nämlich *die erste und abstrakteste Bestimmung der Subjektivität* [Hervorhebung von Kierkegaard]. Dies weist hin auf jenen geschichtlichen Wendepunkt, an dem die Subjektivität zum ersten Mal in Erscheinung trat und damit sind wir denn zu Sokrates gekommen." (*Der Begriff der Ironie*, S. 269)

Sokrates' Beitrag zur Entwicklung der Moral besteht also darin, daß er die Autorität aller früheren moralischen Normen ablehnte und sich seiner Freiheit bewußt war. Die vermeintliche objektive Autorität dieser Normen wird von ihrer subjektiven Akzeptanz durch das Individuum abgelöst. Damit führt die Ironie nicht zu einem moralischen Nihilismus, sondern zum moralischen Subjektivismus. Eine Verbindung zur Ironie im alltäglichen Verständnis scheint in zwei Hinsichten zu bestehen: Erstens war Sokrates' Vorspielen seiner Unwissenheit nach Kierkegaards Ansicht eine Taktik, die er in seiner radikalen Kritik der konventionellen Moral anwandte; und zweitens nimmt das ironische Individuum die Moral nicht mehr ernst. Es kann die konventionelle Moral nicht länger ernst nehmen, da es ihren Anspruch auf Objektivität zerschlagen hat. Das ironische Individuum kann aber auch die Moral, die es selbst für sich akzeptiert hat, nicht ernst nehmen, weil es sie als eine Aufgabe betrachtet, die es sich selbst willkürlich gestellt hat, ähnlich etwa wie ein Hobby, das man sich gerade zu eigen gemacht hat (*Der Begriff der Ironie*, S. 240). Kierkegaard gibt keinen Hinweis darauf, wie die Frage beantwortet werden könnte, warum die ironische Person die Moral nicht einfach gänzlich aufgeben sollte. Er schreibt, daß Sokrates „vorerst nur bis zur Idee des Guten, des Schönen, des Wahren als Grenze hingekommen ist, d. h. hingekommen ist zur idealen Unendlichkeit als Möglichkeit" (*Der Begriff der Ironie*, S. 203), was auf eine noch höhere Ebene zu verweisen scheint, auf der wiederum der moralische Subjektivismus überwunden wird. Ein Vergleich an einer früheren Stelle des Buches (*Der Begriff der Ironie*, S. 28) zwischen der magnetischen Wirkung des Sokrates auf die Menschen, die ihm begegneten, und Christus' Mitteilung des Heiligen Geistes an seine Jünger weist möglicherweise in die Richtung der späteren Werke Kierkegaards. In ihnen wird der Sprung des Glaubens als die höhere Ebene identifiziert, doch zunächst bleibt diese Idee nur eine sehr vage Andeutung.

Die Andeutung wird in Kierkegaards *Abschließender unwissenschaftlicher Nachschrift zu den Philosophischen Brocken* (1846) beträchtlich weiterentwickelt. Das traditionelle Bild von Sokrates als einem Vorläufer des Christentums wird in einer charakteristischen, eigenwilligen Weise umgedeutet. Das Wesen des Christentums wird nun in der Subjektivität gesehen. Vom objektiven Standpunkt der spekulativen Philosophie aus gesehen ist das Christentum eine Absurdität, die nur von Individuen in einem bedingungslosen Sprung des Glaubens angenommen werden kann.

Dieser Sprung besteht nicht in der Akzeptanz eines abstrakten Systems von Sätzen, sondern in der persönlichen Festlegung auf eine Lebensweise. Diese subjektive Selbstverpflichtung geht über die objektive Erkenntnis hinaus und eröffnet nach Kierkegaards Auffassung den Zugang zu einer einmaligen Form der Wahrheit:

> *„Die objektive Ungewißheit, in der Aneignung der leidenschaftlichsten Innerlichkeit festgehalten, ist die Wahrheit,* und zwar die höchste Wahrheit, die es für einen *Existierenden* gibt [Kierkegaards Hervorhebung] (…). Aber die soeben gegebene Bestimmung der Wahrheit ist eine Umschreibung für Glauben. Ohne Risiko kein Glaube. Glaube ist gerade der Widerspruch zwischen der unendlichen Leidenschaft der Innerlichkeit und der objektiven Ungewißheit. Kann ich Gott objektiv greifen, so glaube ich nicht; aber weil ich das eben nicht kann, deshalb muß ich glauben. Und will ich mich im Glauben erhalten, so muß ich beständig darauf achtgeben, die objektive Ungewißheit festzuhalten, daß ich in der objektiven Ungewißheit ,über den 70 000 Klaftern Wasser' bin, und doch glaube."* (*Abschließende unwissenschaftliche Nachschrift,* S. 194–5)

In seinem subjektiven Festhalten an der Moral kam Sokrates dieser Wahrheit so nahe, wie dies für einen Heiden möglich ist:

> *„In dem Satz: die Subjektivität, die Innerlichkeit ist die Wahrheit, ist die Sokratische Weisheit enthalten, deren unsterbliches Verdienst es ist, gerade die wesentliche Bedeutung des Existierens hoch geachtet zu haben und daß der Erkennende existierend ist, weshalb Sokrates in seiner Unwissenheit im höchsten Sinn innerhalb des Heidentums in der Wahrheit war."* (*Abschließende unwissenschaftliche Nachschrift,* S. 195)

Kierkegaard geht darüber hinaus so weit, Sokrates nicht nur eine subjektive Verpflichtung auf Moralität zuzuschreiben, sondern auch einen subjektiven Glauben an Gott, einen Glauben, der tatsächlich bereits den christlichen Glauben erahnt, wobei er aber nicht dessen tief paradoxen Charakter hat:

> „Wenn Sokrates glaubte, daß es einen Gott gebe, da hielt er die objektive Ungewißheit mit der ganzen Leidenschaft der Innerlichkeit fest, und in diesem Widerspruch, in diesem Risiko liegt eben der Glaube. Jetzt ist es anders: Statt der objektiven Ungewißheit besteht hier die Gewißheit, daß das objektiv gesehen Absurde ist, und dieses Absurde, festgehalten in der Leidenschaft der Innerlichkeit, ist der Glaube. Verglichen mit dem Ernst des Absurden ist die Sokratische Unwissenheit ein witziges Scherzwort, und verglichen mit der Anstrengung des Glaubens ist die Sokratische existierende Innerlichkeit wie die griechische Sorglosigkeit." (*Abschließende unwissenschaftliche Nachschrift*, S. 201)

Sokrates verbindet also die subjektive Überzeugung von der Existenz Gottes mit der Ansicht, es sei ungewiß, was in dieser Frage die objektive Wahrheit sei. Insofern diese Position ein gewisses intellektuelles Unbehagen mit sich bringt, ist sie eine vergleichsweise harmlose Variante der wahren Qual des Christen, der sich Wahrheiten verpflichtet, von denen objektiv feststeht, daß sie absurd sind.

Für Nietzsche gehört Sokrates ebenso wie Christus und Wagner zu den Figuren, zu denen er ein tief ambivalentes Verhältnis hat. Er sagt, Sokrates sei ihm so nahe, daß er beinahe immer mit ihm kämpfe. Diese Ambivalenz drückt sich darin aus, daß Nietzsche in unterschiedlichen Werken, aber auch innerhalb eines Werks in ganz unterschiedlichem Ton von Sokrates spricht. Sein Bild von Sokrates in seinem ersten veröffentlichten Werk, der *Geburt der Tragödie* (1872), illustriert dies. Die zentrale These dieser Schrift lautet, die griechische Tragödie sei aus dem Zusammenwirken von zwei entgegengesetzten Aspekten der Kreativität der Griechen entstanden, die Nietzsche als das Apollonische und das Dionysische bezeichnet. Die apollonische Tendenz, die ihren reinsten Ausdruck bei Homer findet, wird in einer ziemlich obskuren Weise durch das Bild des Träumens beschrieben. Es scheint um eine helle und entzückende Darstellung einer imaginären Welt zu gehen, vornehmlich der Welt der Homerischen Götter. Das Bild für das Dionysische ist dagegen der Rausch. Das Dionysische besteht in der Tendenz, ekstatische und erregbare (vor allem sexuelle und gewalttätige) Impulse auszudrücken. Die religiösen Feste waren traditionell die Gelegenheiten, zu denen der Ausdruck dieser Impulse erlaubt war.

Für Nietzsche war es eine einzigartige Errungenschaft der Griechen, eine Form des Festes entwickelt zu haben, das dramatische Fest, in dem aus der Verbindung der beiden Tendenzen eine Kunstform entstand, die Tragödie. Sie vereint die apollonische Illusion und die dionysische Erregung in einer einmaligen Synthese. Das apollonische Element wird den Dialogpartien der Attischen Tragödie zugeschrieben, das dionysische dagegen mit dem Chor assoziiert. Die Synthese soll jedoch keine schlichte Verknüpfung sein. Die grundlegende Idee ist vielmehr (wenngleich Nietzsche derart dunkel formuliert, daß der Versuch einer Interpretation gewagt erscheint), daß die Welt der Tragödie zugleich dunkel und schrecklich wie die dionysischen Mächte sowie hell und in mysteriöser Weise voller Freude wie die sonnenerleuchtete Welt der Homerischen Götter ist; „so ungemein ist die Gewalt des Episch-Apollinischen, dass es die schreckensvollsten Dinge mit jener Lust am Scheine und der Erlösung durch den Schein vor unseren Augen verzaubert" (*Geburt der Tragödie*, Abschnitt 12)[12].

Diese Synthese wird in den Dramen von Aischylos und Sopho-

---

[12] Dieses und die folgenden Nietzsche-Zitate werden angegeben nach: Friedrich Nietzsche: Sämtliche Werke. Kritische Studienausgabe in 15 Einzelbänden, Hg. von Giogio Colli und Mazzino Montinari, 1988[2], Bde. 15 und 6.

kles erreicht; sie verschwindet im Werk des Euripides. Die Tragödie des Euripides stellt eine degenerierte Form dar, gekennzeichnet durch eine realistische Zeichnung der Charaktere. Sie ist der Welt der Neuen Komödie näher als der schrecklichen und zugleich idealen Welt des Aischylos und Sophokles. Euripides hat, so Nietzsche, den Zuschauer auf die Bühne gebracht:

> „Der Mensch des alltäglichen Lebens drang durch ihn aus den Zuschauerräumen auf die Scene, der Spiegel, in dem früher nur die grossen und kühnen Züge zum Ausdruck kamen, zeigt jetzt jene peinliche Treue, die auch die misslungenen Linien der Natur gewissenhaft wiedergiebt." (*Geburt der Tragödie*, Abschnitt 11)

An dieser Stelle kommt Sokrates ins Spiel. Nietzsche sieht in ihm einen entscheidenden Einfluß auf die Degeneration der Tragödie, die er in Euripides' Werken diagnostiziert. Dabei greift er in seiner eigenwilligen Art die antike Überlieferung auf, Sokrates habe mit Euripides zusammengearbeitet (DL 2.18).

Die genaue Form dieses Einflusses ist Nietzsches Worten wiederum nicht leicht zu entnehmen. Euripides sei eine Maske, aus der eine neue dämonische Macht spreche, und zwar weder Dionysos noch Apoll, sondern Sokrates (*Geburt der Tragödie*, Abschnitt 12). Damit scheint er andeuten zu wollen, daß der Realismus des Euripides auf einem psychologischen Naturalismus beruhe. Gemeint ist, daß die dramatischen Charaktere nach denselben psychologischen Prinzipien handeln, die wir im Alltagsleben verwenden, um Handlungen von wirklichen Personen zu erklären. Dies nennt Nietzsche einen „*ästhetischen Sokratismus* [Hervorhebung von Nietzsche], dessen oberstes Gesetz ungefähr so lautet: ‚alles muss verständig sein, um schön zu sein‘; als Parallelsatz zu dem sokratischen ‚nur der Wissende ist tugendhaft‘" (*Geburt der Tragödie*, Abschnitt 12). „Sokratismus" scheint demnach den Geist eines naturalistischen Rationalismus zu bezeichnen, der die schrecklichen Mächte, die bei Aischylos und Sophokles mit so viel Ruhm versehen werden, mittels Aufklärung und Kritik zähmen will. Der Sokratismus verwende den Ausdruck „nur aus Instinkt" abwertend:

> „Mit ihm verurtheilt der Sokratismus ebenso die bestehende Kunst wie die bestehende Ethik: wohin er seine prüfenden Blicke richtet, sieht er den Mangel der Einsicht und die Macht des Wahns und schliesst aus diesem Mangel auf die innerliche Verkehrtheit und Verwerflichkeit des Vorhandenen. Von diesem Punkte aus glaubte Sokrates das Dasein corrigiren zu müssen: er, der Einzelne, tritt mit der Miene der Nichtachtung und der Ueberlegenheit, als der Vorläufer einer ganz anders gearteten Kultur, Kunst und Moral, in eine Welt hinein, deren Zipfel mit Ehrfurcht zu erhaschen wir uns zum grössten Glücke rechnen dürfen." (*Geburt der Tragödie*, Abschnitt 13)

Der ästhetische Sokratismus scheint also eine Übertragung des Intellektualismus, den der Platonische Sokrates auf Fragen des Verhaltens anzuwenden sucht, auf das Feld der Kunst zu sein. Für den Platonischen Sokrates ist Tugend Wissen und hinreichend für die *eudaimonia*. Das gute Leben kann also durch Einsicht erreicht werden, und alles Fehlverhalten muß einem Mangel an Einsicht zugeschrieben werden. Genau wie der Platonische Sokrates den irrationalen Elementen keine positive Rolle in der Seele zuschreibt, hat die Sokratische Kunst keinen Raum für das Mysteriöse, für das, was nicht theoretisch erfaßt werden kann. Doch die Kraft und Tiefgründigkeit der Tragödie besteht gerade darin, daß sie sich der theoretischen Erklärung entzieht. Sie erforscht Mächte, die psychologisch nicht mehr verstehbar sind, und zeigt Dilemmata, für die es in der Theorie der Moral keine Lösung gibt. Der Sokratismus steht also für eine tiefgreifende Verarmung des Geistes, die Nietzsche mit dem französischen Begriff der *décadence* bezeichnet.

Dieser Begriff bringt die Ambivalenz in Nietzsches Verhältnis zu Sokrates zum Ausdruck. Die *Geburt der Tragödie* ist sowohl von einem Gespür für die übermenschliche Qualität des Individuums Sokrates („des durch Wissen und Gründe der Todesfurcht enthobenen Menschen" [Abschnitt 15]) durchdrungen als auch von der transzendierenden Kraft des Geistes der Forschung, für den er steht. Die „Lust einer sokratischen Erkenntnis" verwandelt umfassend die Einstellung zur Welt:

> „Einem so Gestimmten erscheint dann der platonische Sokrates als der Lehrer einer ganz neuen Form, der ‚griechischen Heiterkeit' und Daseinsseligkeit, welche sich in Handlungen zu entladen sucht und diese Entladung zumeist in maeeutischen und erziehenden Einwirkungen auf edle Jünglinge, zum Zweck der endlichen Erzeugung des Genius, finden wird." (*Geburt der Tragödie*, Abschnitt 15)

Sokrates ist die Inkarnation des wissenschaftlichen Geistes, der zu den Höhen der modernen wissenschaftlichen Errungenschaften geführt hat und ohne den die Menschheit möglicherweise nicht einmal überlebt hätte.

> „Wer dies Alles (…) sich vergegenwärtigt, der kann sich nicht entbrechen, in Sokrates den einen Wendepunkt und Wirbel der sogenannten Weltgeschichte zu sehen." (*Geburt der Tragödie*, Abschnitt 15)

Doch gleichzeitig ist Nietzsche überzeugt, daß dieser Sokratische Optimismus, dieser Glaube an die Kraft des Intellekts, alle Probleme des Handelns und der Natur zu lösen, nicht nur eine grundlegende Täuschung ist, sondern auch ein Symptom des Verfalls. Spätere Passagen aus der *Geburt der Tragödie* bringen dies wirkungsvoll zum Ausdruck:

„(…) von welcher innerlich entarteten Musik [dem neueren attischen Dithyrambus, eine Musikform, die im späten fünften Jahrhundert v. Chr. entstand] sich die wahrhaft musikalischen Naturen mit demselben Widerwillen abwandten, den sie vor der kunstmörderischen Tendenz des Sokrates hatten. Der sicher zugreifende Instinct des Aristophanes hat gewiss das Rechte erfasst, wenn er Sokrates selbst, die Tragödie des Euripides und die Musik der neueren Dithyrambiker in dem gleichen Gefühle des Hasses zusammenfasste und in allen drei Phänomenen die Merkmale einer degenerierten Cultur witterte." (*Geburt der Tragödie*, Abschnitt 17)

Die sokratische Lust an der Erkenntnis ist eine der Illusionen, durch die Menschen am Leben festhalten:

„Diesen fesselt die sokratische Lust des Erkennens und der Wahn, durch dasselbe die ewige Wunde des Daseins heilen zu können." (*Geburt der Tragödie*, Abschnitt 18)

Später im selben Abschnitt beschreibt Nietzsche die moderne Welt als gefangen im Netz der Alexandrinischen (d. h. unkreativen und scholastischen) Kultur, wo der im Dienst der Wissenschaft arbeitende Mensch als Ideal gilt – und Sokrates sei dessen Archetyp. Die Frucht der Sokratischen Kultur nennt er einen sich unumschränkt wähnenden Optimismus (Abschnitt 18). Der *Versuch einer Selbstkritik*, den Nietzsche vierzehn Jahre später der zweiten Ausgabe des Werks hinzufügt, kehrt zu dieser Thematik zurück: „das, woran die Tragödie starb, der Sokratismus der Moral, die Dialektik, Genügsamkeit und Heiterkeit des theoretischen Menschen – wie? könnte nicht gerade dieser Sokratismus ein Zeichen des Niedergangs, der Erniedrigung, Erkrankung, der anarchisch sich lösenden Instinkte sein?" (Abschnitt 1).

In späteren Werken, insbesondere in den Schriften aus dem Jahr 1888, kurz vor seinem endgültigen geistigen Zusammenbruch, wird Nietzsches Ton harscher. Nietzsche identifiziert nun sich selbst mit den Dionysischen Mächten und betrachtet Sokrates' Ablehnung dieser Mächte letztlich als eine Zurückweisung seiner selbst, auf die er in extrem heftiger Weise emotional reagiert. In dem Abschnitt von *Ecce homo*, der die *Geburt der Tragödie* behandelt, erklärt er, die beiden entscheidenden Neuerungen des Buches seien erstens das Verständnis des dionysischen Phänomens bei den Griechen, das in ihm „die Eine Wurzel der ganzen griechischen Kunst" sieht, und zweitens „das Verständnis des Sokratismus: Sokrates als Werkzeug der griechischen Auflösung, als typischer *décadent* zum ersten Male erkannt" (Abschnitt zur *Geburt der Tragödie*, §1). Nietzsche fährt fort:

„Ich sah zuerst den eigentlichen Gegensatz: – den *entartenden* Instinkt, der sich gegen das Leben mit unterirdischer Rachsucht wendet (…) und eine aus der Fülle, der Überfülle geborene Formel der *höchsten Bejahung*, ein Jasagen ohne Vorbehalt, zum Leiden selbst, zur Schuld selbst (…) Dieses letzte, freudigste, überschwänglich-übermüthigste Ja zum Leben ist nicht nur die höchste Einsicht, es ist auch die *tiefste*, die von Wahrheit und Wissenschaft am strengsten bestätigte und aufrechterhaltene. (…) Die Erkenntniss, das Jasagen zur Realität ist für den Starken eine ebensolche Nothwendigkeit als für den Schwachen, unter der Inspiration der Schwäche, die Feigheit und *Flucht* vor der Realität – das ‚Ideal‘ … Es steht ihnen nicht frei, zu erkennen: die décadents haben die Lüge *nöthig*, sie ist eine ihrer Erhaltungs-Bedingungen. – Wer das Wort ‚Dionysisch‘ nicht nur begreift, sondern *sich* in das Wort ‚dionysisch‘ begreift, hat keine Widerlegung Platos oder des Christenthums oder Schopenhauers nöthig – er *riecht die Verwesung*…" (§2)

Diese Sprache der Krankheit und Auflösung nimmt das Thema des Essays über Sokrates in der *Götzen-Dämmerung* auf, die Nietzsche früher im selben Jahr geschrieben hatte. Nietzsche beginnt bei

Sokrates' letzten Worten, die er als Ausdruck des Danks dafür, aus der Krankheit des Lebens entlassen zu werden, interpretiert (siehe oben). Doch der Weltverdruß, der hier zum Ausdruck kommt, ist selbst die Krankheit, an der Sokrates wie alle sogenannten Weisen, die über Moral und Werte theoretisieren, leidet.

„„Hier muss jedenfalls Etwas *krank* sein' – geben *wir* zur Antwort: diese Weisesten aller Zeiten, man sollte sie sich erst aus der Nähe ansehen! [...] Erschiene die Weisheit vielleicht auf Erden als Rabe, den ein kleiner Geruch von Aas begeistert?" (*Götzen-Dämmerung, Das Problem des Sokrates* §1)

Sokrates und Platon sind „Verfalls-Symptome", „Werkzeuge der griechischen Auflösung", „pseudogriechisch", „antigriechisch", da ihr Theoretisieren eine negative Haltung dem Leben gegenüber mit sich bringt, die im Gegensatz zu der triumphalen Bejahung des dionysischen Menschen steht, mit dem Nietzsche sich identifiziert hat. Doch Nietzsche beläßt es nicht bei Sokrates' Beschreibung als typischen (vielleicht sogar archetypischen) *décadent*. In fünf erstaunlichen Paragraphen (§§3–7) formuliert er einen heftigen Angriff gegen Sokrates als Person, wobei er in einen abscheulich snobistischen Ton verfällt und sogar antisemitisch wird. Sokrates habe der untersten sozialen Klasse angehört, er war Pöbel. Seine Häßlichkeit war Symptom eines verdorbenen und zügellosen Temperaments. War er überhaupt Grieche? Die Dialektik ist ein boshaftes Instrument, durch das der Pöbel sich über die erhebt, die besser sind, Menschen mit besserem Geschmack und besseren Manieren. Sie ist eine letzte Waffe für die, die keine andere haben. (Deshalb seien die Juden Dialektiker gewesen.) Sokrates war ein „Hanswurst, der sich *ernst nehmen machte*" (§5).

Wenn man diese Dinge in dem Wissen liest, daß Nietzsches Zusammenbruch unmittelbar bevorstand, neigt man dazu, sie als pathologisches Geschrei abzutun. Doch diese Brutalität ist, auch wenn sie pathologisch ist, Ausdruck von Nietzsches tiefer Ambivalenz Sokrates gegenüber. In §8 schreibt er, die vorangegangenen Ausführungen würden zeigen, in welcher Weise Sokrates abstoßend sein kann, wodurch es um so nötiger sei, die Faszination zu erklären, die von ihm ausgeht. Die Paragraphen 3–7 zeigen also eine negative Reaktion auf Sokrates, wobei unklar bleibt, inwieweit Nietzsche diese teilt. In einem gewissen Sinn handelt es sich ohne Frage um seine Reaktion. Dies trifft aber auch auf das zu, was im Text folgt. Ein würdiges Porträt des Sokrates als jemand, der, wenn auch fehlgeleitet, so doch ernsthaft und mit guten Absichten versucht hat, die Krankheiten seiner Zeit zu heilen, indem er die gefährlichen dionysischen Impulse der Kontrolle der Vernunft unterwarf, bildet ein Gegengewicht zur grotesken Karikatur der vorausgehenden Paragraphen. Nietzsche nimmt seine negative Bewertung nicht zurück. Sokrates „schien ein Arzt, ein Heiland zu sein", doch sein unbedingter Glaube an die Rationalität war Irrtum und Selbsttäuschung: „Sokrates war ein Missverständniss; *die ganze Besserungs-Moral, auch die christliche, war ein Missverständniss*" (§ 11). Und doch ist die Veränderung der Tonlage außerordentlich; die Rückkehr zu Sokrates' Tod im letzten Paragraphen klingt wahrhaft elegisch:

„– Hat er das [daß, solange das Leben aufsteigt, Glück und Instinkt eins sind] selbst noch begriffen, dieser Klügste aller Selbst-Überlister? Sagte er sich das zuletzt, in der *Weisheit* seines Muthes zum Tode? ... Sokrates *wollte* sterben: – nicht Athen, *er* gab sich den Giftbecher, er zwang Athen zum Giftbecher ... ,Sokrates ist kein Arzt, sprach er leise zu sich: der Tod allein ist hier Arzt ... Sokrates selbst war nur lange krank ... '" (§ 12)

Bis zum Ende, so scheint es, kämpfte Nietzsche mit Sokrates, weil dieser ihm so nahe war.

6. Schluß

Jedes Zeitalter muß seinen eigenen Sokrates erschaffen. Worin besteht seine Bedeutung für eine post-christliche, post-idealistische Epoche, für die weder die Figur eines Vorläufers von Christus noch die Verkörperung des Weltgeistes in seiner Entwicklung zu einer höheren Form des Bewußtseins etwas bedeutet? Eine Antwort liegt in einer historischen Sicht seiner Rolle als Pionier der systematischen Ethik, als wichtigster Einfluß auf Platon, Gegenstand der Sokratischen Literatur usw. Doch der, wenn auch unbestreitbare, historische Einfluß des Sokrates kann seine Bedeutung nicht vollständig erfassen – auch nicht in einem säkularen, un-ideologischen Zeitalter wie dem unseren. Sokrates ist nicht nur eine historische Person und eine *persona* der Literatur, sondern auch eine in vielen Hinsichten exemplarische Figur, eine Figur, die herausfordert, ermutigt und inspiriert. Das einfachste Beispiel ist hier, daß Sokrates immer noch die herausfordert, deren Weg zur Philosophie und insbesondere zu einem systematischen, kritischen Denken über die Sokratischen Dialoge führt. Sogar in einer Welt, in der das Studium der antiken Klassiker seine kulturelle Vorrangstellung verloren hat, halten viele diese Dialoge, die durch den relativ geringen Anteil an Fachbegriffen und die Lebhaftigkeit der Gespräche den Leser selbst in einen Dialog mit dem Text ziehen, für die beste Einführung in die Philosophie. Zudem hat beinahe jeder, der unterrichtet, eine gewisse Affinität zu der Sokratischen Methode, den Studenten aufzufordern, seine oder ihre Überzeugungen zu überprüfen, sie angesichts der Argumente zu modifizieren und auf dem Weg der kritischen Reflexion über die jeweilige Frage zu Antworten zu gelangen. Doch diese kritische Methode ist nicht nur eine pädagogische Strategie; sie ist, im Leben ebenso wie in den Sokratischen Dialogen, eine Methode der *Selbst*-Kritik. Der Ausspruch „Ein Leben ohne Selbsterforschung ist für einen Menschen nicht lebenswert" (Platon, *Apol.* 38a) drückt einen zentralen menschlichen Wert aus, der wesentlich zur persönlichen Integrität gehört: die Bereitschaft, seine eigenen Annahmen zu überdenken und sich so der immer wieder auftretenden Tendenz zu einem selbstzufriedenen Dogmatismus entgegenzustellen. Im Extremfall kann die Selbstkritik lähmend sein, doch Sokrates steht für ein Leben, in dem sie in einem besonderen Ausmaß eine positive Kraft ist. Denn sie erzeugt die Zuversicht, sich unbeirrbar an die Ideale zu halten, die den Test der Selbstkritik überstanden haben. Solange intellektuelle und moralische Integrität menschliche Ideale sind, wird Sokrates hier ein geeignetes Vorbild sein.

Literaturhinweise zum Weiterlesen[13]

Antike Quellen

Alle Dialoge Platons liegen in mehrere deutschen Übersetzungen vor. Genannt seien:

* *Sämtliche Werke,* in der Übersetzung von Friedrich Schleiermacher und Hiernonymus Müller auf der Grundlage der Bearbeitung von Walter F. Otto, Ernesto Grassi und Gerd Plamböck neu herausgegeben von Ursula Wolf, 4 Bde., Reinbek 1994.
* *Jubiläumsausgabe sämtlicher Werke,* übertragen von Rudolf Rufener, eingeleitet von Olof Gigon, 8 Bde., Zürich 1974.
* Aristophanes, *Komödien.* Nach der Übersetzung von Ludwig Seeger hrsg. und mit einer Einleitung versehen von Hans-Joachim Newiger, München 1990 [Gesamtübersetzung].
* Aristophanes, *Die Wolken.* Hrsg., übersetzt und mit Anmerkungen versehen von Otto Seel, Stuttgart 1996.
* Xenophon, *Erinnerungen an Sokrates.* Griech.-dt., hrsg. von Gerhard Joerisch, Zürich 1987.
* Xenophon, *Erinnerungen an Sokrates.* Übers. und Anm. von Rudolf Preiswerk, Nachwort von Walter Burkert, Stuttgart 1997.
* Xenophon, *Das Gastmahl.* Griech.-dt., hrsg. von Ekkehard Stärk, Stuttgart 1998.
* *Socratis et Socraticorum Reliquiae. Collegit, disposuit, apparatibus*

---

[13] Die Auswahlbibliographie von C. C. W. Taylor hat Friedo Ricken für die deutsche Ausgabe ergänzt. Seine Literaturempfehlungen sind mit einem * gekennzeichnet.

notisque instruxit G. Giannantoni, 4 Bde., Neapel 1990 [Sammlung der Fragmente der sog. Kleinen Sokratiker].

* Diogenes Laertius, *Leben und Lehrmeinungen berühmter Philosophen*, übersetzt und erläutert von Otto Apelt, Hamburg 1998.

* Diogenes Laertius, *Leben und Lehre der Philosophen*. Einleitung, Kommentar und Übersetzung von Fritz Jürss, Stuttgart 1998.

Moderne Literatur

Die moderne Literatur zu Sokrates ist sehr umfassend. T. C. Brickhouse und N. D. Smith, *Socrates on Trial*, Oxford 1989, enthält eine nützliche Übersicht (S. 272–316). Die folgenden Angaben beschränken sich auf die wichtigsten deutsch- und englischsprachigen Werke.

Gesamtdarstellungen, Bibliographie

* Guthrie, W. K. C., *A History of Greek Philosophy*, iii, part 2, Cambridge 1969. Dieser Teil des Werks wurde 1971 unter dem Titel *Socrates* als eigenständiges Werk veröffentlicht.

* Döring, Klaus: Sokrates, die Sokratiker und die von ihnen begründeten Traditionen, in: Flashar, Hellmut (Hrsg.): *Grundriß der Geschichte der Philosophie*. Begründet von Friedrich Ueberweg. Völlig neubearbeitete Ausgabe. Die Philosophie der Antike. Bd. 2,1: Sophistik – Sokrates – Sokratik – Mathematik – Medizin, Basel 1998, S. 139–364. Mit ausführlicher Bibliographie.

* Döring, Klaus: Sokrates; Die sog. Kleinen Sokratiker und die von ihnen begründeten Traditionen, in: Ricken, Friedo (Hrsg.), *Philosophen der Antike I*, Stuttgart 1996, 178–211; 272–274.

* Maier, Heinrich: *Sokrates*, Tübingen 1913; Nachdruck Aalen 1985.

* Kuhn, Helmut: *Sokrates. Ein Versuch über den Ursprung der Metaphysik*, Berlin 1934; Neuausgabe München 1959.

Kritische und analysierende Literatur zu Platons Darstellung des Sokrates
Santas, G. X., *Socrates,* London, Boston und Henley, 1979.

Vlastos, G., *Socrates, Ironist and Moral Philosopher,* Cambridge 1991.

Vlastos, G., *Socratic Studies,* hrsg. von M. Burnyeat, Cambridge 1994.

Brickhouse, T. C. und Smith, N. D., *Plato's Socrates,* New York und Oxford 1994.

Irwin, T., *Plato's Ethics,* New York und London 1995, Kapitel 1–9.

Literatur zu Sokrates' Gerichtsverfahren
Stone, I. F.: *Der Prozeß gegen Sokrates,* Wien und Darmstadt 1990 (engl.: London 1988). Eine lebhafte Darstellung, die jedoch teilweise nicht zuverlässig ist.

Brickhouse, T. C. und Smith, N. D., *Socrates on Trial,* Oxford 1989. Eine wissenschaftlich sehr anspruchsvolle Darstellung.

Sammelbände
Vlastos, G. (Hg.), *The Philosophy of Socrates,* Garden City, NY 1971.

Benson, H. H. (Hg.), *Essays on the Philosophy of Socrates,* New York und Oxford 1992.

Gower, B. S. und Stokes, M. C. (Hg.), *Socratic Questions,* London und New York, 1992.

Prior, W. T. (Hg.), *Socrates,* 4 Bd., London und New York, 1996. Eine sehr umfassende Sammlung.

*Patzer, Andreas (Hg.), Der historische Sokrates, Darmstadt 1987 [Wege der Forschung 585].

Zur Sokratischen Literatur
Vander Waerdt, P. A. (Hg.), *The Socratic Movement,* Ithaca, NY und London, 1994.

Rutherford, R. B., *The Art of Plato,* London 1995.

Kahn, C. H., *Plato and the Socratic Dialogue,* Cambridge 1996, Kapitel 1–4.

Sokrates in der späteren Philosophie
Montuori, M., *Socrates: Physiology of a Myth,* Amsterdam 1981.

Index der zitierten antiken Literatur

Register

Menschen und Ideen, die unsere Welt verändert haben

Wilhelm Geerlings
Augustinus
Band 4765
Augustinus gilt vielen als der „erste moderne Mensch". Seine Grundgedanken werden im Zusammenhang seiner bewegten Biographie deutlich.

Thomas Buchheim
Aristoteles
Band 4764
Niemand hat unser heutiges wissenschaftliches Denken so sehr geprägt wie Aristoteles.

Martin Gessmann
Hegel
Band 4763
„Was vernünftig ist, ist wirklich, und was wirklich ist, das ist vernünftig." Seine Denkmethode, die auch sehr komplexe Sachverhalte zu fassen vermag, bleibt bis heute aktuell.

Klaus Fischer
Einstein
Band 4762
Mit seiner Relativitätstheorie hat er unser Weltbild revolutioniert. Stationen im Leben des großen Physikers und charismatischen Pazifisten und die Bedeutung seiner grundlegenden Einsichten.

Michael Bordt
Platon
Band 4761
Eine prägnante Einführung in Platons Ideen, in Hintergründe und Konsequenzen seines Denkens und eine kleine Einleitung ins Philosophieren überhaupt.

HERDER ⁄ SPEKTRUM

Vittorio Hösle / Christian Illies
Darwin
Band 4760

Darwin hat das Bild des Menschen von sich selbst, von der Weltordnung
und vom Leben revolutioniert. Eine Einführung in Darwins Leben und Werk,
die die bleibende Relevanz, aber auch die Grenzen seiner Ideen aufzeigt.

Anthony Stevens
C. G. Jung
Band 4759

C. G. Jungs Tiefenpsychologie ist zum festen Bestandteil unseres Denkens
über die menschliche Seele geworden. „Sehr gelungen und ausgewogen. Etwas
vom Besten, was ich je von Jung in dieser Kürze gelesen habe" *(Verena Kast)*.

Tom Sorell
Descartes
Band 4756

Sein Satz „Ich denke, also bin ich" war epochemachend. Er gilt als Vater
neuzeitlichen Denkens.

Ernstpeter Maurer
Luther
Band 4754

Martin Luther hat unser Verständnis von Freiheit, Vernunft, Gnade und
Glauben bis heute geprägt und unsere Wirklichkeit nachhaltig verändert.

Anthony Kenny
Thomas von Aquin
Band 4744

Thomas von Aquin hat die Stellung des Menschen in der Schöpfung
neu bestimmt und Antike und Christentum in einer einzigartigen Synthese
zusammengedacht.

HERDER / SPEKTRUM

Richard Tuck
Hobbes
Band 4742
Überraschende Aspekte eines großen politischen Denkers – die spannende
Einführung in das Leben eines der wichtigsten Philosophen der frühen Neuzeit.

Stillman Drake
Galilei
Band 4741
„Und sie bewegt sich doch", dieser Satz machte Galileo Galilei weltberühmt –
und zum Ketzer.

Michael Tanner
Nietzsche
Band 4740
Mit Sätzen wie „Gott ist tot" formulierte Friedrich Nietzsche einen Nihilismus,
dessen Auswirkungen auf das 20. Jahrhundert immens waren. Ein „Erdbeben"
seiner Epoche (Gottfiried Benn).

A. C. Grayling
Wittgenstein
Band 4739
Wittgensteins originelles und faszinierendes Denken reichte weit über die
Grenzen der Philosophie hinaus und machte weltweit Schule. Eine glänzende
Einführung, „fundiert und klar" *(Times)*.

Roger Scruton
Kant
Band 4738
Immanuel Kants Philosophie begründete eine neue Sicht des Menschen.
Was Freiheit, Vernunft, Moral, was objektiv und wirklich ist – Kant bleibt die
Schlüsselfigur modernen Denkens.

HERDER / SPEKTRUM

Anthony Storr
Freud
Band 4737

„Wir alle »sprechen« Freud, ob korrekt oder nicht. Er ist und bleibt unvermeidlich" (Peter Gay).

Michael Inwood
Heidegger
Band 4736

Der einflußreichste deutsche Denker des 20. Jahrhunderts: Martin Heidegger hat die menschliche Existenz in der modernen technikbestimmten Welt grundlegend neu gedacht.

Robert Wokler
Rousseau
Band 4735

Jean-Jacques Rousseau – eine zentrale Gestalt der europäischen Aufklärung und auch ihr gewaltigster Kritiker. Ein mächtiger Denker, Pädagoge und immer noch aktueller Gesellschaftskritiker.

Iring Fetscher
Marx
Band 4728

Mit seinen Analysen und Visionen wurde Karl Marx zum Vordenker moderner Revolutionen. Seine Fragen zu Gesellschaft und Individuum, Ökonomie und Arbeit sind unverändert aktuell.

HERDER / SPEKTRUM